# सहज गीता

संपूर्ण गीता सहज हिंदी कविता रूप में

प्र

अविनाश कुमार

प्रकाशक • **प्रभात प्रकाशन प्रा. लि.**
4/19 आसफ अली रोड,
नई दिल्ली–110002

संस्करण • प्रथम, 2023
मूल्य • सात सौ पचास रुपए
मुद्रक • आर–टेक ऑफसेट प्रिंटर्स, दिल्ली

**SAHAJ GITA** *by* Shri Avinash Kumar ₹ 750.00
Published by Prabhat Prakashan Pvt. Ltd., 4/19 Asaf Ali Road, New Delhi-2
e-mail: prabhatbooks@gmail.com ISBN 978-93-5521-829-2

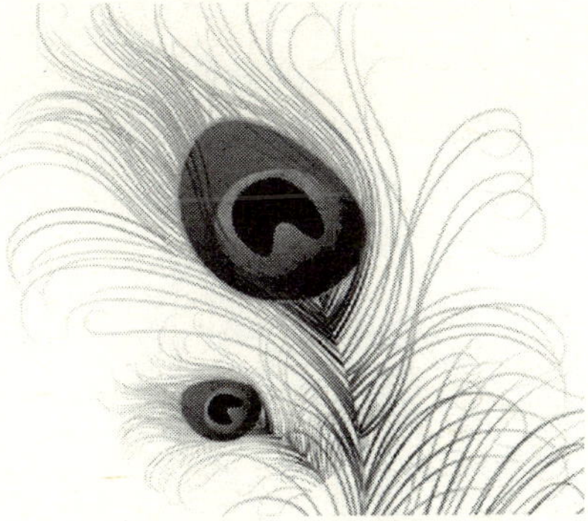

गीता संपूर्ण मानव जाति के लिए एक ऐसा अद्‌भुत वरदान है,
जिसके अनमोल ज्ञान-रत्नों को किसी भी देश, राज्य, समुदाय, अथवा निष्ठा
से जुड़ा व्यक्ति अमल में लाकर अपने जीवन को
सरल, सुखी और ध्येयपूर्ण बना सकता है।

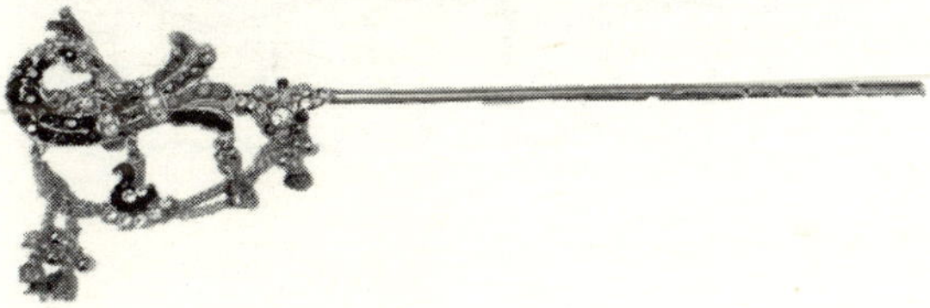

सत्यमेव जयते

# भारत के उपराष्ट्रपति
# VICE PRESIDENT OF INDIA

## संदेश

गीता भारत की संस्कृति का एक अभिन्न अंग है। हजारों साल पुराने इस ग्रंथ को कई सदियों तक ऋषि-मुनियों ने गुरुकुल परंपरा के अंतर्गत मौखिक शिक्षा द्वारा पीढ़ी-दर-पीढ़ी अपने शिष्यों तक पहुँचाया। आधुनिक काल में पुस्तकों द्वारा इसके अनेक भाषाओं में अनुवाद तो सारे विश्व में उपलब्ध और विख्यात हैं, किंतु संपूर्ण गीता का सरल हिंदी कविता रूप में अनुवाद बहुत ही दुर्लभ है। सरल भाषा और कविता रूप में होने के कारण 'सहज गीता' इस दिव्य ग्रंथ का एक बहुत ही रोचक रूप प्रस्तुत करती है और हम आशा करते हैं कि इसी कारण गीता का यह अद्‌भुत अनुवाद इसके गूढ़ ज्ञान को घर-घर तक पहुँचाने में मदद करेगा।

गीता का ज्ञान मात्र किसी एक धर्म, आयु, समुदाय अथवा व्यवसाय से संबंध नहीं रखता, बल्कि संपूर्ण विश्व के लिए आध्यात्मिक दर्शन है। हम आशा करते हैं कि सरल और कविता रूप में होने के कारण अनेक बंधु-बांधव गीता के इस ज्ञान का लाभ उठा पाएँगे और अपने जीवन को सुखी और सरल बना पाएँगे।

**4 मार्च, 2023**
**नई दिल्ली**

**( जगदीप धनखड़ )**

**H.H. Pujya Swami Chidanand Saraswatiji**
President, Parmarth Niketan

# अनुमोदन

गीताजी हिंदू धर्म तथा वेदांत दर्शन का विशेष ग्रंथ है। यह केवल एक ग्रंथ नहीं, बल्कि जीवन का विज्ञान है। इसमें ज्ञान, भक्ति और कर्म—तीनों का अद्‍भुत संगम है। यह अलौकिक और पारलौकिक ज्ञान का सागर है। गीताजी में निष्काम कर्म, मुक्ति और शक्ति की अपार महिमा है। 'सहज गीता' के माध्यम से भगवान् श्रीकृष्ण के दिव्य संदेश व गीताजी में समाहित अथाह ज्ञान, दिव्य, गूढ़ और सर्वथा प्रासंगिक संदेशों को सरल व सहज भाषा में जनमानस तक पहुँचाने का अद्‍भुत प्रयास श्री अविनाश कुमारजी द्वारा किया गया, जो अत्यंत सराहनीय है।

**सदैव आपकी ही**
**ईश्वर और मानवता की सेवा में**

**( स्वामी चिदानंद सरस्वती )**
**अध्यक्ष परमार्थ निकेतन ऋषिकेश**

**Parmarth Niketan Ashram, PO Swargashram, Rishikesh (Himalayas), Uttarakhand-24304 India**
**Phone : + 91-135-2440088, +91-135-2440070, Fax : +91-135-2440066.**
**Swamiji@Parmarth.com, www.PujyaSwamiji.org. PujyaSwamiji, Twitter/@ Pujya Swamiji**
**Parmarth.org. Facebook/ParmarthNiketam, @ ParmarthNiketan, Youtube/ParmarthNiketan**

# गीता परिचय

गीता, महाभारत के युद्ध में श्रीकृष्ण द्वारा अर्जुन को दिए गए उपदेश के निहित, १८ पुराणों के ज्ञान और विद्या का निचोड़ है और १८ योगों के द्वारा प्राणी को परमेश्वर से जोड़ने का सूत्र है। गीता में १८ अध्याय हैं। इन अध्यायों के योग की संज्ञा इसलिए दी गई है, क्योंकि प्रत्येक अध्याय मनुष्य के ईश्वर से योग की सीढ़ी समान है। यहाँ यह जानने योग्य है कि मोक्ष प्राप्त करने के लिए भी मनुष्य को १८ इंद्रियों की आहुतियाँ देनी होती हैं—

- ५ ज्ञानेंद्रियाँ—जिनके द्वारा हम इस सृष्टि को जान सकते हैं—जैसे कि आँखें, कान, जीभ, नाक और त्वचा
- ५ कर्मेन्द्रियाँ—जिनके द्वारा हम सृष्टि को जानने के पश्चात् कर्म कर सकते हैं— जैसे कि, हाथ, पैर, भाषा, प्रजनन और वायु तत्त्व
- ५ प्राण—प्राण, समान, अपान, उदान, व्यान
- मन, चित्त एवं बुद्धि ( मन : अभाववादी, चित्त : स्वभाववादी, बुद्धि : प्रभाव वादी )

संस्कृत में १ की संख्या 'य' से संबंध रखती है और ८ की संख्या 'ज' से संबंध रखती है। अत: १ और ८ मिलकर बनता है 'जय'। अत: अर्जुन को विजय की ओर अग्रसर करने के लिए प्रभु १८ अध्यायों द्वारा उसे मूलत: कर्म योग, भक्ति योग और ज्ञान योग की दीक्षा देते हैं।

'सहज गीता' में संपूर्ण ७०० श्लोकों को हिंदी कविता रूप में रुचिपूर्ण अध्ययन एवं ज्ञानोपार्जन के लिए प्रस्तुत किया गया है। प्रत्येक अध्याय के अंत में उस अध्याय से जुड़े मुख्य श्लोकों की सूची एवं टिप्पणी भी संलग्न है, जिसके द्वारा पाठकगण गीता के अनमोल रत्नों को अपने रोजमर्रा के जीवन में सहज ही अपना सकते हैं।

# लेखक की कलम से

गीता के प्रति आरंभ से ही मेरी रुचि रही है।

औपचारिक रूप से धार्मिक न रहते हुए भी या फिर यूँ कहिए कि धार्मिक न रहने के कारण ही मेरा गीता के प्रति आकर्षण छोटी उम्र से बढ़ता ही रहा और बढ़ता भी क्यों न, गीता तो स्वयं श्रीकृष्ण का संवाद है तथा कृष्ण का तो अर्थ ही है, जो अपनी ओर खींचे।

शुरू-शुरू में तो मुझको गीता पढ़ने में बहुत मुश्किलों का सामना करना पड़ा। कुछ श्लोकों के बाद गीता से मन ऊबने लगता, उसके उपदेश मन पर भारी पड़ने लगते और गीता का ज्ञान अव्यावहारिक लगने लगता। लगभग ३-४ साल तक मैं अध्याय २ से आगे नहीं बढ़ पाया। फिर न जाने कैसे एक चमत्कार हुआ। गीता में मेरी रुचि बढ़ने लगी। उसके श्लोक धीरे-धीरे मुझे समझ आने लगे तथा मैंने शनैः-शनैः विभिन्न स्त्रोतों से गीता का अध्ययन करना प्रारंभ कर दिया। जितना मैं विभिन्न लेखकों की गीता पढ़ने लगा, उतना हरेक श्लोक मुझे अलग-अलग दृष्टिकोण से समझ आने लगा। प्रारंभिक शिक्षा में पढ़ी गई संस्कृत भी अब काम आने लगी, जिसके द्वारा मैं अब गीता के श्लोकों को उनके मूल अर्थ में समझ पाने में सक्षम रहा, न कि किसी और के अनुवाद पर निर्भर रहकर।

गीता पढ़ते-पढ़ते मुझे प्रेरणा मिली कि यदि मैं इस पुण्य काव्य को सरल हिंदी कविता रूप में प्रस्तुत कर पाऊँ, तो अन्य कई लोग भी इसके ज्ञान का लाभ उठा सकेंगे, क्योंकि हिंदी और पद्य रूप में गीता पढ़ने से पाठकों की रुचि कई गुना बढ़ जाएगी।

अपने कई वर्षों के परिश्रम को 'ओम्-तत्-सत्' की साधु भावना के साथ, जो कि गीता का ही एक अनमोल रत्न है, आप सबको समर्पित करता हूँ, इस आशा के साथ कि आप भी गीता ज्ञान-सागर में गोते लगाकर अपने जीवन को सरल, सुंदर और ध्येयपूर्ण बना पाएँगे।

*ओम्-तत्-सत्*

**—अविनाश कुमार**

# गीता माहात्मय

मानव जो भी शुद्ध चित्त से, प्रेम से गीता पाठ करें
वे भय और शोक से दूर रहें और शांति प्राप्त करें

गीता पाठ से हर जाते हैं, रोग-द्वेष-संताप
धुल जाते हैं, इस जन्म व पूर्व जन्म के पाप

प्रतिदिन जल से स्नान ज्यों, तन का मैल भगाए
एक ही गीता स्नान सारे, जग का मल ले जाए

गीता तो क्लेश, शोक से अभेद्य कवच का वर्णन है
इसके आगे वेद-पुराण का क्या ही कोई प्रयोजन है

पूरी महाभारत कथा का, गीता में ही सार हुआ,
गीता पढ़ लेनेवाला, जन्म चक्रों से पार हुआ

स्वयं गोविंद वेदों की गय्या से गीता दुग्ध दुहाते हैं
बछड़े नित अर्जुन को पहले भक्तों को बाद पिलाते हैं

गीता है चिर-जीवन का रत्न-जड़ित भंडार,
इसको पाकर, क्या कोई खोजे, धन-वैभव संसार

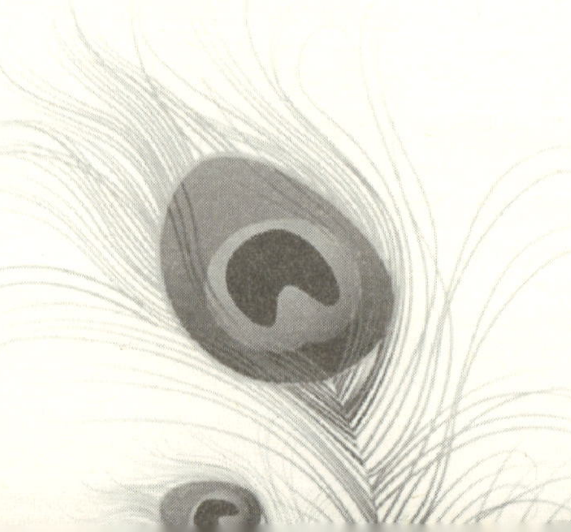

# अध्याय सूची

भक्तियोग

## ज्ञानयोग

# अध्याय-१

# अर्जुन-विषादयोग

इस अध्याय में संजय धृतराष्ट्र को महाभारत युद्ध का परिचय देते हुए अर्जुन की व्यथा का वर्णन करते हैं। वे बताते हैं कि किस तरह अर्जुन अपने सगे-संबंधियों को मरने-मारने को तैयार देखकर व्यथित हो उठते हैं और कृष्ण को कहते हैं कि वे यह युद्ध नहीं लड़ सकते।

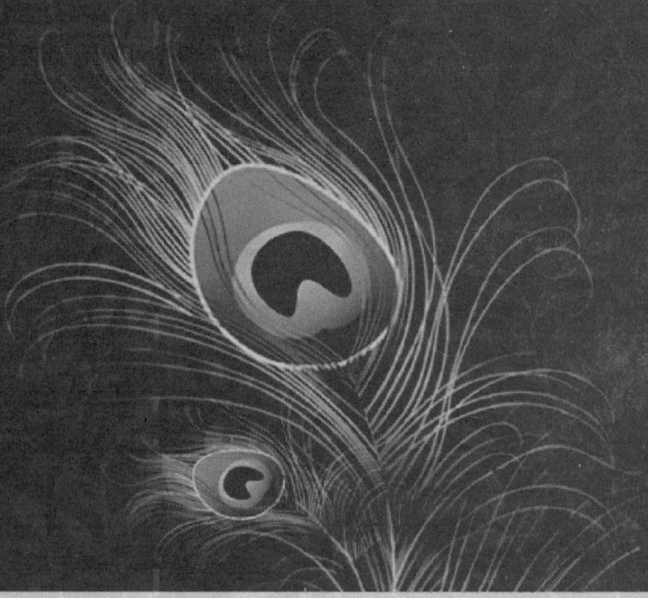

**धृतराष्ट्र—**

धर्मक्षेत्र कुरुक्षेत्र में, युद्ध करने को आएँ।
क्या करते हैं पांडव कौरव, संजय मुझे बताएँ॥ १॥

**संजय—**

दुर्योधन ने, व्यूह से बंधित, देखी पांडव सेना।
निकट द्रोण के जा उसने, शुरू किया यह कहना॥ २॥

**दुर्योधन—**

शत्रु-पक्ष की, हे गुरुवर! सेना देखें विशाल।
व्यूह रचते हैं जहाँ आपके, शिष्य द्रुपद के बाल॥ ३॥

*(द्रुपद द्रोण का जग-घोषित शत्रु था—*
*दुर्योधन ने गुरु द्रोण को उकसाने के लिए द्रुपद का नाम लिया )*

पुत्र पांडु, भीम अर्जुन, युध को भये अधीर।
और पधारे लड़ने को, द्रुपद विराट से वीर॥ ४॥

धृष्टकेतु, चेकितान, काशीराज सब आए।
शैव्य, पुरुजित, रण भूमि मे कुंतिभोज पठाये॥ ५॥

उत्तमौजा संग पधारे, विक्रांत औ युधामन्यु।
रत्न द्रौपदी पाँचों, अंश-सुभद्रा अभिमन्यु॥ ६॥

किंतु श्रेष्ठ आचार्य अपनी, सेना भी लें जान।
अपने पक्ष के वीरों की, करवाता हूँ पहचान॥ ७॥

स्वयं पितामह भीष्म, आप, अश्वथामा, कर्ण।
सोमदत्त पुत्र भूरिश्रव, कृपाचार्य, विकर्ण॥ ८॥

अपनी ओर के वीर अनेकों, मिटने को तैयार।
साथ में अपने लाए हैं, शस्त्रों के भंडार॥ ९॥

पितामह के होते भी, निज जीत लगे क्यों सीमित।
उधर भीम की छाया में, शत्रु भया सुरक्षित॥ १०॥

*(दुर्योधन भीम से घबराता था और पांडवों के प्रति भीष्म के स्नेह से भी परिचित था, इसलिए अपनी शंका प्रकट कर रहा है )*

दुर्योधन ने निज सेना से, ऐसे बोले वचन।
भीष्म पिता की रक्षा का, लेना हमको प्रण॥ ११॥

शंख बजाते भीष्म, मानो सिंह की जैसी गर्जन।
उसके घोर घोष नाद से, प्रसन्न भया दुर्योधन॥ १२॥

साथ-साथ ही बज उठे, तुरही-ढोल-नगाड़े।
कोलाहलमय हो उठे, युद्ध के सभी अखाड़े॥ १३॥

श्वेत अश्व के दिव्यारथ पे, सजते कृष्ण और पार्थ।
युद्ध भूमि का हृदय चीरते, शंख नाद के साथ॥ १४॥

पांचजन्य से करे घोषणा, स्वयं त्रिलोकीनाथ।
अर्जुन फूँके देवदत्त, भीम पौंड्र के साथ॥ १५॥

अनंतविजय से नाद करे हैं, युधी-धर्म के देव।
नकुल बजाते शंख सुघोष, मणिपुष्पक सहदेव॥ १६॥

काशिराज, धृष्टद्युम्न बजाते, अपने-अपने शंख।
युद्ध घोषणा करे सत्य की, विराट औ' शिखंड॥ १७॥

द्रुपद, द्रौपदी पुत्र भी करते, घोर शंख से नाद।
और सुभद्रा-लाल बजाते, पुष्ट बाहु के साथ॥ १८॥

शंख ध्वनि का भीषण स्वर, जब कुरुक्षेत्र में बोला।
उसके शोर से कुरु सेना के, वीरों का मन डोला॥ १९॥

पवन पुत्र की छायावाले, रथ पर बैठे वीर।
कुरु-पुत्रों के प्राण हरण को, अर्जुन भए अधीर॥ २०॥

**अर्जुन—**

कृष्ण से बोले, हे अच्युत, रथ को आगे बढ़ाएँ।
युद्ध की दोनों सेनाओं के, बीच आप ले जाएँ॥ २१॥

*अर्जुन ने कृष्ण को गीता मे १८ विभिन्न नामों से संबोधित किया है। ये १८ नाम मात्र एक-दूसरे के पर्यायवाची नहीं हैं, अपितु संज्ञा विशेष के द्वारा अर्जुन ने अपने मन की भावना व्यक्त की है। उस भावना के द्वारा श्लोक पढ़ने से उस श्लोक का अर्थ ही विशिष्ट हो जाता है और उस संवाद के प्रति रुचि बढ़ जाती है। अधिक जानकारी के लिए परिशिष्ट मे 'कृष्ण के १८ नाम' पढ़ें।*

देख न लूँ, मैं जब तक मुझको, किस-किस से है लड़ना।
तब तक रथ को हे स्वामी, रण के बीच ही रखना॥ २२॥

मुझे देखना कुरु भूमि में कौन पड़ेगा भारी।
दुर्योधन की कुबुद्धि ने, किसकी मति है मारी॥ २३॥

**संजय—**

मंद-मंद मुसकाए केशव, इच्छा अर्जुन जान।
अपने रथ को रण भूमि के, मध्य दिया स्थान॥ २४॥

**कृष्ण—**

भीष्म, द्रोण वीरों की सेना, अब है तेरे समक्ष।
हे अर्जुन, तू देख यहाँ से, युद्ध के दोनों पक्ष॥ २५॥

*(कृष्ण जान-बूझकर भीष्म और द्रोण का नाम लेकर
अर्जुन के मन को टटोल रहे हैं)*

अर्जुन देखे खड़े सामने, लड़ने दादा ताऊ।
चाचा, पुत्र, पौत्र, ससुर, मित्र, गुरु, और भाऊ॥ २६॥

परिजनों को युद्धातुर देख, अर्जुन का मन डोला।
करुणा भरे, रुँधे स्वरों में, कुंती-पुत्र यह बोला॥२७॥

**अर्जुन—**

अहो कृष्ण, रणभूमि में, युद्ध करने को आए।
मेरे मित्र, गुरु संबंधी, और परिजन समुदाय॥२८॥

इन्हें देख मेरे अंग शिथिल और, मुख है सूखा जाए।
इनसे रण की मात्र कल्पना, तन में कंपन लाए॥२९॥

गांडीव सरकता हाथों से, काया है ज्वर की मारी।
भ्रमित हुआ हूँ, अब है मेरा, खड़े रहना भी भारी॥३०॥

हे केशव, दिखते हैं मुझको, उलटे सारे लच्छन।
अपनों का ही वध करने में, भला कैसा आकर्षण॥३१॥

कृष्ण न चाहूँ जीत, मुझे न, राजभोग ललचाए।
ऐसा यश और वैभव गोविंद, किसको है फल पाए॥३२॥

जिनके लिए हम रणभूमि में, युद्ध करने को आए।
वे पहले ही अपने तन-मन-धन को तज कर आए॥३३॥

पिता, पुत्र, आचार्य, पितामह, यहाँ लड़ने को आएँ।
मामा, ससुर और पौत्र परिजन जहाँ-तहाँ दिख जाएँ॥३४॥

मैं न इनको मार सकूँ, मैं स्वयं भले मर जाऊँ।
हे मधुसूदन, तीन लोक का, राज अभी तज जाऊँ॥३५॥

क्या मिले आनंद, जनार्दन, धृत पुत्रों को मार के।
इसमें केवल पाप चढ़ेगा, जीत बुरी ये हार से॥३६॥

धृतबाल और परिजनों का, वध न मुझसे होवे।
सगे-संबंधों को हत के माधव, कौन चैन से सोवे॥३७॥

लोभ से अंधा शत्रु होगा, नहीं देख कुछ पाए।
कुल का हत, और वध मित्रों का, केवल पाप चढ़ाए॥३८॥

किंतु कुल के सर्वनाश का, हमें तो ज्ञान साकार।
क्यों न हम युद्ध छोड़ जनार्दन, करते सोच-विचार॥३९॥

मैं जो कुल का अंत करूँ, धर्म को मिलता श्राप।
अंत धरम का होने से, फैलता कुल में पाप॥४०॥

कृष्ण अधर्मी कुल में, कहते, दूषित होवे नारी।
वार्ष्णेय, इस दोष से जन्मे, संताने अभिमारी॥४१॥

कुल को नरक की ओर धकेले, संताने वे दूषित।
पिंड अभाव में तड़पें पुरखे, पाप ये घोर अनुचित॥४२॥

*(अर्जुन अपने तर्क में पुरखों तक को खींच लाए,*
*ताकि कृष्ण उनके तर्क से सहमत हो जाएँ)*

कुल-मर्यादा, धर्म, रीति का, निश्चित होवे नाश।
जगत् लोक के धर्म का भी तब, दूर नहीं विनाश॥४३॥

हे जनार्दन कहें सभी, जो कुल का करते नाश।
जीव सभी वे काल अनंतन, नरक में करते वास॥४४॥

है न अचरज, कैसे हम सब, युद्ध को हैं तैयार।
राज सुख और लोभ के हेतु, एक-दूजे को मार॥४५॥

शस्त्र बिना भी, कौरव करते, यदि मेरा संहार।
युद्ध के बदले होगा मुझको, काल यही स्वीकार॥४६॥

**संजय—**

अर्जुन ने फिर धनुष-बाण निज, नीचे दिए उतार।
रथ के पीछे जा वह बैठा, मन में शोक अपार॥४७॥

## विशिष्ट श्लोक

इस अध्याय के निम्न श्लोक स्मरण और जीवन में अपनाने योग्य है—

अधर्माभिभवात्कृष्ण प्रदुष्यन्ति कुलस्त्रियः।
स्त्रीषु दुष्टासु वार्ष्णेय जायते वर्णसङ्करः।।

जब मनुष्य अधर्म की चादर ओढ़ लेता है, तो उसके भीतर स्त्रीरूपी प्रजनन शक्ति दूषित हो जाती है और उस दूषित कोख, चाहे वह कोख विचार की हो, भावना की हो अथवा कर्म की हो—उससे उत्पन्न परिणाम (संतान) भी, चाहे वह अन्य कर्म हो, धन हो, संपत्ति हो, यश अथवा वैभव हो, दूषित ही होता है। अतः हमारे कर्म ही नहीं, बल्कि विचार और भावनाएँ भी शुद्ध होनी हैं, जिससे उनके परिणाम भी सिद्ध हों।

# अध्याय-२

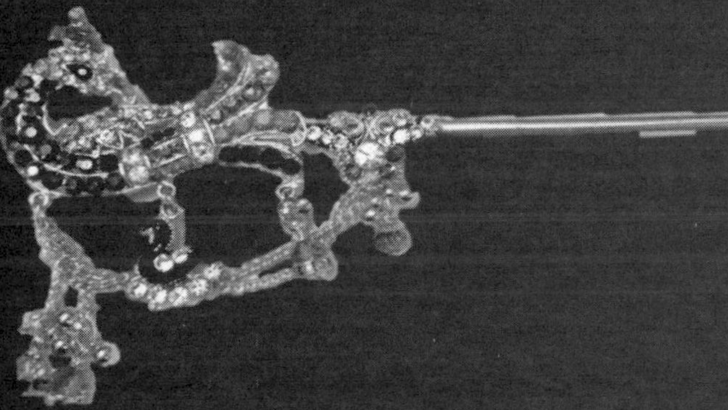

# सांख्ययोग

इस अध्याय में कृष्ण अर्जुन को सांख्ययोग बताते हुए
एक योद्धा के धर्म से परिचित कराते हैं, कर्मयोग की परिभाषा देते हैं,
स्थितप्रज्ञ के लक्षण बताते हैं और इंद्रियों को वश में करके शांति
कैसे प्राप्त की जाती है, इसका उपदेश देते हैं।

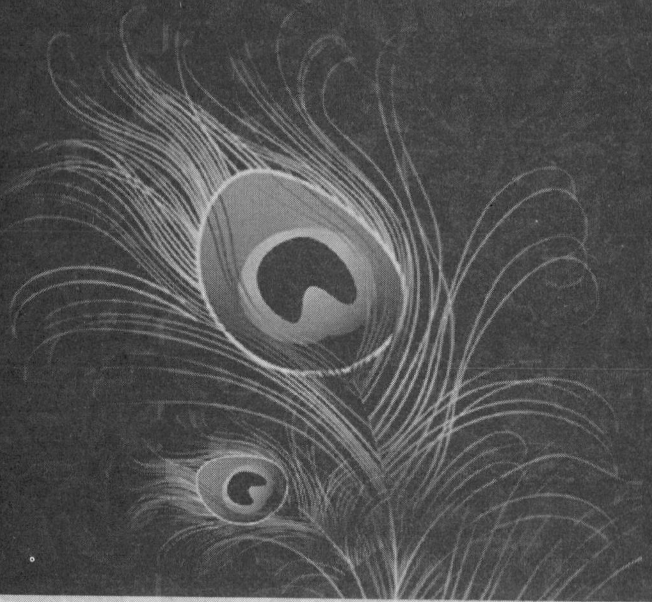

**संजय—**

अर्जुन की आँखों से बहती, देखी अश्रु धारा।
मधुसूदन ने दिया पार्थ को, गीत में दिव्य इशारा॥१॥

**कृष्ण—**

हे अर्जुन तू, युद्ध के दिन क्यों मोह को गले लगाए।
कर्म त्याग कर हे नादान, यश और स्वर्ग गँवाए॥२॥

न तज अपना पौरुष पार्थ, तज दुर्बल विचार।
वीर है तू, परंतप हो जा, युद्ध करने को तैयार॥३॥

**अर्जुन—**

मधुसूदन किन हाथों से मैं, भीष्म-द्रोण को मारूँ।
मन में जिनकी, हे अरिसूदन, आरती नित्य उतारूँ॥४॥

युद्ध के बदले भीख मिले जो, उसमे भी कम सोग।
इनके रक्त सने हाथों से, क्या लूँगा मैं भोग॥५॥

कौन कहे कि युद्ध सही है, या फिर युद्ध न करना।
किसकी होगी जीत, जिसमें हम सबको है मरना॥६॥

चित्त रँगा है कायरता में, संकट मध्य है धर्म।
शिष्य समझ के, राह दिखाओ, करूँ मैं कैसा कर्म॥७॥

यद्यपि प्राप्त मुझे हो वैभव, धन और तीनो लोक।
किंतु एक उपाय न सूझे, जो दूर करे ये शोक॥८॥

**संजय—**

इस प्रकार अर्जुन ने अपने दु:ख का किया बखान।
युद्ध नहीं करूँगा मैं, यह निश्चित है भगवान्॥९॥

मंद-मंद मुसकाते माधव, हरि वचन यह बोले।
हे अर्जुन क्यों रणभूमि में, व्यर्थ तेरा मन डोलेण्॥१०॥

**कृष्ण—**

शोक-अयोग्य परिजनों का तू, व्यर्थ रुदन है करता।
मृत-अमृत जीव का दुःख, ज्ञानी भी नहीं बरता॥११॥

मैं, तू, या ये लोग नहीं थे, न था कोई ऐसा काल।
और आगे भी कल न होंगे, व्यर्थ है ये सवाल॥१२॥

बचपन, यौवन और बुढ़ापा, इसी देह को मिलते।
नव काया मिलने की ऋतु में, हम क्यों व्याकुल होते॥१३॥

सर्दी-गरमी, सुख-दुःख सब हैं, साथी इसी शरीर।
इनके होने न होने से, तू क्यों होवे अधीर॥१४॥

सुख-दुःख में, एक-सम रहे, माया के जो पार।
भय उसे न मृत्यु का, खोले चिर-जीवन द्वार॥१५॥

असत का न आकार कोई, सत का न कोई पार।
ज्ञानी वही जो सत-असत का, ये भेद ले स्वीकार॥१६॥

तू क्या किसका नाश करेगा, ब्रह्म तो है अविनाशी।
मूल मिटा पाए किसी कण का, क्या है कोई प्रत्याशी?॥१७॥

जीवन-मरण न हाथ में तेरे, ये तो हरि की माया।
मात्र युद्ध करने को तेरे, भाग्य ने तुझे बुलाया॥१८॥

आत्म कोई भी मारे कैसे, करे उसका संहार।
अज्ञानी मानव ही धरता, मन में ऐसे विचार॥१९॥

आत्म हुआ था कभी न पैदा, न ही मारा जाए।
न फिर पैदा और मरेगा, रूप बदलता जाए॥२०॥

दिव्य आत्म को जब तू पार्थ, अमर अजन्मा पाएगा।
किसी जीव के मरने का, शोक न तू कर पाएगा॥२१॥

जैसे तज के वस्त्र पुराने, नए से देह सज लेती।
वैसे ही एक अंग नवेला, आत्मा धर लेती॥२२॥

शस्त्र कोई न काटे इसको, अगन न कोई जलाए।
न जल से भीगे आत्मा, हवा सुखा न पाए॥२३॥

अ-जल, अ-भेद, अ-नम, अ-शुष्क, धरे आत्मा रूप।
रहे अनंत, अनादि ये, प्रकृति-पुरुष स्वरूप॥२४॥

क्या इसको आकार दे कोई, क्या कोई साकार।
जिसका कोई रूप न उसका, दुःख करना बेकार॥२५॥

और यदि यह जन्मे दुबार, और मरे महाबाहो।
तो भी इसका सोग मनाना, कैसा विचार कहो॥२६॥

जीवित है जो उसको मरना, जो मरा पुनः जन्मेगा।
जीव-मरण के चक्र का तू, कब तक शोक करेगा॥२७॥

जन्म से पहले, बाद मरण के, नहीं किसी की छाया।
जन्म-मरण के बीच में, केवल, मिलती नश्वर काया॥२८॥

अचरज इसका दर्शन है, है अचरज इसका वर्णन।
अचरज का भंडारा है, दिव्य आत्म का दर्पण॥२९॥

आत्म तो भारत हर युग में, रहता नित्य अवध्य।
शोक किसी भी प्राणी का, अतः करना है व्यर्थ॥३०॥

चुन तू अपने धर्म को अर्जुन, भय को दे तू त्याग।
धर्म युद्ध ही लक्ष्य है तेरा, धर्म युद्ध ही भाग्य॥३१॥

धर्म युद्ध से होकर जाता, तेरा मोक्ष का द्वार।
कोई-कोई क्षत्रि ही पाता, ऐसा भाग्य अपार॥३२॥

फिर भी यदि तू युद्ध त्यागकर, भय से करता प्रीत।
तेरे साथ ही लुप्त रहेगी, तेरी यश और कीर्ति॥३३॥

चिर काल तक होगी निंदा, होगा अपयश बखान।
मृत्यु से भी दुष्कर होगा, यह तेरा अपमान॥३४॥

तुझको हैं जो वीर समझते, कद काटेंगे तेरा।
कायरता का चिह्न बनेगा, हीनता का डेरा॥३५॥

प्रतिदिन तेरी निंदा होगी, कोटि-कोटि शत्रु-मुख।
और बड़ा संताप क्या होगा, इससे गहरा दुःख॥३६॥

राज मिलेगा, यदि जीता जो, स्वर्ग, जो मारा जाए।
दोनों हाल में, जे कौंतेय, तू यश और गौरव पाए॥३७॥

हार-जीत को भूल के, लाभ-हानि को त्याग।
धर्म युद्ध न तुझे बनाए, किसी पाप का भाग॥३८॥

अब तक मैंने ज्ञान दिया, अब सुन कर्म की बाणी।
कर्म-अकर्म के बंधन को, तज दे तू अज्ञानी॥३९॥

कर्म के मूल का नाश नहीं है, न ही फल में रोग।
जन्म-मरण के भय अछूता, रहे वह कर्मयोग॥४०॥

कर्मयोग है देता सबको, एक शुद्ध विचार।
कर्महीन ही संशय करते, मन में ले के विकार॥४१॥

कर्म है जिनका, मात्र भोगना, लक्ष्य स्वर्ग को पाना।
वे ही ऐसी वाणी बोले, जिससे जी ललचाना॥४२॥

जी को खुश करती वे बातें, हर कोई अपनाए।
अज्ञानी, अक्षम औ' दुर्बल, किंतु वे कहलाए॥४३॥

ऐसी विस्मित वाणी देती, ब्रह्म भ्रम आभास।
बुद्धि हरती, भोग विलासी, आसक्ति का वास॥४४॥

वेद बताते तिरगुण, निर्गुण, खोज सत्य का मार्ग।
राग-द्वेष न पाल हे अर्जुन, योगक्षेम परित्याग॥४५॥

पास समंदर जाने पर, तालाब का है जो मान।
ब्रह्म प्राप्त की तुलना में, उतने ही वेद समान॥४६॥

कर्म तेरा अधिकार है, न फल का करो विचार।
और कर्म न करने हेतु, कभी रहो तैयार॥४७॥

कर्म से उत्पन्न लाभ-हानि को, चित्त परे जो रखे।
हे धनंजय, तभी समत्व, कर्मयोग को भोगे॥४८॥

फल का जी में ध्यान धरे, किया कर्म जो जाए।
हो जाए निष्कर्म सभी, बुद्धियोग बस पाए॥४९॥

मुक्त करे निष्काम भावना, सदा पुण्य और पाप से।
निर्मल चित्त ही शीत भरेगा, कर्म बंधन के ताप से॥५०॥

कर्म-फल से मुक्त करे जो, उसका जीवन जीता।
जन्म-मृत्यु के तोड़ के बंधन, पुण्य लोक को बीता॥५१॥

जब तू मोह के दलदल से, बुद्धि पार लगाए।
तीनो लोकों के भोगों से, बैराग तुझे हो जाए॥५२॥

लोक जगत् की बातें सुन, यदि बुद्धि बह जाए।
प्रभु मेल में निश्चल हो फिर, चिर विश्राम वो पाए॥५३॥

**अर्जुन—**

स्तिथप्रज्ञ की, हे केशव, कैसे हो पहचान।
कैसे बोले, चले, रुके, लें कैसे उसको जान॥५४॥

**कृष्ण—**

सुनो पार्थ, जो मन में आती, त्यागे अपनी इच्छा।
स्थितप्रज्ञ है जिसकी आत्मा, निर्मल शुद्ध और स्वच्छ॥५५॥

दुःख से न घबराए जो, न सुख में फूला जाए।
राग-द्वेष छूते न जिसको, स्थितप्रज्ञ कहलाए॥५६॥

कुछ न पाकर भी जो खुश है, पाकर भी न हर्ष।
स्थिर है जिसका चित्त सदैव, प्रतिपल दिन औ' वर्ष॥५७॥

जिस प्रकार कछुआ कुछ छूते, निज में सिमटा जाए।
स्थितप्रज्ञ प्राणी को भी, सुख-दुःख न छू पाए॥५८॥

केवल भोग त्याग से न कोई स्थितप्रज्ञ कहलाता।
जब तक आसक्ति न त्यागे, मोक्ष नहीं मिल पाता॥५९॥

आसक्तिवश रहे इंद्रियाँ, मन बलात हर लेतीं।
निष्कामी की राह में, अर्जुन, बाधा पैदा करतीं॥६०॥

इंद्रियों को वश में करना, भया परम आवश्यक।
तभी ब्रह्म को प्राप्त होता, सही अर्थ में साधक॥६१॥

इच्छा जन्म दे आसक्ति को, और जगाए कामना।
पूर्ण न होवे कामना तो, क्रोध से होता सामना॥६२॥

क्रोध जन्मता अंध अहं को, अहं भ्रम फलाए।
भ्रम नष्ट करे जो बुद्धि, जीव पतन हो जाए॥६३॥

किंतु जिसके वश में रहते, क्रोध, अहं और भ्रम।
चित्त प्रसन्न रहता उसका, वह पाए निश्चित ब्रहम॥६४॥

प्रसन्न चित्त रहे जो मानव, दुःख का रहे अभाव।
स्वयं हरि की धूप है वो, स्वयं हरि की छाँव॥६५॥

जीते जो न निज इच्छा को, रखे कैसे स्वभाव।
इच्छा बैठी, मन के द्वारे, रहता घेरे तनाव॥६६॥

पवन है ज्यों बह ले जाती, बीच समंदर नाव।
इच्छा एक ही खेल जाती, कुबुद्धि का दाँव॥६७॥

जो अपनी इच्छाओं का, इंद्रियों का परित्याग करे।
स्थिरप्रज्ञ कहलाए अर्जुन, और ब्रह्म को प्राप्त करे॥६८॥

माने जिसको जगत् अँधेरा, योगी जाने सवेरा।
सुख जो सारे जग को भाए, योगी का दुःख घेरा॥६९॥

नदी कितनी भी व्याकुल हो, सागर करे विश्राम।
स्थितप्रज्ञ मन प्रांगन करतीं, सब इच्छाएँ निदान॥७०॥

हे अर्जुन, जो त्यागे काम, मोह अहंकार।
वही शांति प्राप्त करे, खोले मोक्ष का द्वार॥७१॥

पार्थ, ब्रह्म-प्राप्त मनुष्य की, एक यही पहचान।
न सुख सूखा, न दुःख गीला, रहे भोग अनजान॥७२॥

# विशिष्ट श्लोक

इस अध्याय के निम्न श्लोक स्मरण और जीवन में अपनाने योग्य हैं—

नासतो विद्यते भावो नाभावो विद्यते सतः।
उभयोरपि दृष्टोऽन्तस्त्वनयोस्तत्त्वदर्शिभिः॥

असत्य की विद्वता नहीं है और सत्य की विद्यता का कभी अभाव नहीं है— जिस ज्ञानी आत्मा ने यह भेद जान लिया, वह किसी भी असत्य के साथ अपना संबंध नहीं बना सकता—चाहे वह असत्य इस संसार की जड़ता हो, कोई प्रलोभन हो अथवा यह नश्वर शरीर हो।

छोटी-छोटी बातों पर झूठ बोलने की आदत से, *नासतो विद्यते भावो नाभावो विद्यते सत* में विश्वास रखनेवाला व्यक्ति हमेशा के लिए झूठ बोलना छोड़ देगा, और अपने किसी भी प्रयोजन के लिए कभी भी झूठ का सहारा नहीं लेगा।

नैनं छिन्दन्ति शस्त्राणि नैनं दहति पावकः।
न चैनं क्लेदयन्त्यापो न शोषयति मारुतः॥

मनुष्य का होना इस शरीर से नहीं, बल्कि उसके आत्म से है, जो उसके पूर्व सभी अस्तित्वों का परिणाम और भविष्य में होनेवाले अस्तित्वों का बीज है। इस आत्म को न तो कोई शस्त्र काट सकता है, न ही कोई अग्नि जला सकती है, न कोई जल भिगो सकता है, न ही हवा सुखा सकती है।

कर्मण्येवाधिकारस्ते मा फलेषु कदाचन।
मा कर्मफलहेतुर्भूर्मा ते सङ्गोंऽस्त्वकर्मणि ॥

मनुष्य का अपने कर्म करने पर पूरा अधिकार है कि वह कौन सा कर्म करे अथवा न करे, किंतु उसके परिणाम पर कोई अधिकार नहीं। कोई अपेक्षित परिणाम न मिलने कि सूरत में अपने कर्म त्याग देने का भी अधिकार मनुष्य को नहीं है।

यदा संहरते चायं कूर्मोऽङ्गानीव सर्वशः।
इन्द्रियाणीन्द्रियार्थेभ्यस्तस्य प्रज्ञा प्रतिष्ठिता॥

बहुत लोग इस बात पर शंका रखते हैं कि अपने आसपास इतने प्रलोभन, संसाधन और सुख-दुःख होते हुए, कोई भी प्राणी स्थितप्रज्ञ कैसे रह सकता है। इसकी प्रेरणा हमे उपरोक्त श्लोक से मिलती है। अपनी चेतना को हम इतना ज्योतिर्मय बनाएँ कि पास आते सुख और दुःख को फौरन भाँपकर, एक कछुए की भांति स्वयं (अपने आत्म) में सिमट जाएँ और उस सुख-दुःख से स्वयं को अभिन्न कर लें।

ध्यायतो विषयान्पुंसः सङ्गस्तेषूपजायते ।
सङ्गात्सञ्जायते कामः कामात्क्रोधोऽभिजायते ॥
क्रोधाद्भवति सम्मोहः सम्मोहात्स्मृतिविभ्रमः
स्मृतिभ्रंशाद् बुद्धिनाशो बुद्धिनाशात्प्रणश्यति॥

अपने इस जीवन का हमारे अस्तित्व और आनेवाले सभी जीवनों के अस्तित्व का कारण हमारे मन सागर में उठती इच्छाओं में है। हमारी इच्छाएँ किसी विषय के प्रति आसक्ति उत्पन्न करती हैं और आसक्तियों से कामना पैदा होती है। कामना पूर्ण ने होने पर क्रोध उत्पन्न होता है, जो हमारे अहं (अस्तित्व) का नाश कर देता है। अपने अहं के हत होने पर भ्रम फैलता है और बुद्धि नष्ट हो जाती है—बुद्धि नष्ट होते ही जीव अपने पतन की ओर गिरने लगता है।

# अध्याय-३

# कर्मयोग

इस अध्याय में कृष्ण अर्जुन को कर्मयोग का महत्त्व बताते हैं।
वे अर्जुन को कर्म-यज्ञ-वृष्टि-अन्न-और-सृष्टि-चक्र से अवगत कराते हैं और कहते हैं कि कर्म से तो मनुष्य जीव संसार में जन्म लेते ही बँध जाता है, किंतु जीव को स्वयं को कर्म के फल से पृथक् रखकर कर्म करते रहना चाहिए।

**अर्जुन—**

यदि ज्ञान से है जनार्दन, उच्च कर्म स्थान।
केशव फिर क्यों आप कराते, कर्म कठु भगवान्॥१॥

कभी कर्म की, कभी ज्ञान की बातें आप सुनाएँ।
कृपा करें, यदि आप मुझे एक ही ओर ले जाएँ॥२॥

**कृष्ण—**

भगवन बोले, दो प्रकार की निष्ठा मैंने बताई।
ज्ञान से मिलता सांख्ययोग, देता कर्म भलाई॥३॥

कर्म बिना आरंभ करे, निष्काम नहीं बन पाए।
जो कर्मों का त्याग करे, न सांख्य-योग को पाए॥४॥

कोई किसी अवस्था में, न बिना कर्म जी पाए।
जीव, जन्म के होते ही, कर्म जाल बँध जाए॥५॥

जिनकी इच्छा प्रबल हो किंतु रहे कर्म को रोके।
मिथ्यावादी हैं वो मानव, स्वयं को देते धोखे॥६॥

इच्छा बल में करके जो, खींचे कर्म लगाम।
उत्तम उनका आचरण, कर्म योग है धाम॥७॥

जान निज कर्तव्य को, कर्म का दे आधार।
कर्म त्याग के हे अर्जुन, तेरा देह धरना बेकार॥८॥

निज धर्म से प्रेरित कर्म तो, होता यज्ञ समान।
इच्छा, इंद्रि, आसक्ति को, तू दे न कोई मान॥९॥

सृष्टि रच स्वयं ब्रह्म ने, किया यज्ञ आह्वान।
जिसके फल में जन हित हो, कर्म वही महान्॥१०॥

जीवन-यज्ञ में कर्म आहुति, करती देव प्रसन्न।
देवकृपा से ऊर्जित होता, परम पुण्य उत्पन्न॥ ११॥

कर्म-यज्ञ से बिन माँगे ही, मिले देव वरदान।
बिना कर्म का फल जो भोगे, चोरी एक समान॥ १२॥

योगी, अग्नि और पुरोहित, मुक्त हो अपने पापों से।
भोगी केवल घिरा रहे, रोग और अभिशापों से॥ १३॥

कर्म से जन्मे यज्ञ है पावन, यज्ञ जन्मते वृष्टि।
वृष्टि जन्मे अन्न समूचा, अन्न से सारी सृष्टि॥ १४॥

वेद प्रकटते ब्रह्म के द्वारा, कर्म वेद से जन्मे।
ब्रह्म बसा हर कर्म मे, सृष्टि के कण-कण में॥ १५॥

कर्म-यज्ञ-वृष्टि-अन्न-सृष्टि, चक्र को जो झुठलाए।
ऐसा भोगी विलासी मानव, जीवन व्यर्थ बिताए॥ १६॥

ध्यान धरे जो निज का केवल, निज ही जिसकी इच्छा।
क्या उसका कर्त्तव्य कोई, क्या कोई उसकी दीक्षा॥ १७॥

योग-करम-परम ध्यानी का, कर्म-अकर्म समान।
स्वार्थ नहीं, कुछ कर्म में जिनका, बहती गंगा नाम॥ १८॥

हे अर्जुन, तज के आसक्ति, कर्म की चादर ओढ़।
कर्म योग ही तुझे तरेगा, बाँध कर्म की डोर॥ १९॥

जैसे जनक ने कर्म के द्वारा, यश और वैभव पाए।
ख्याति वैसी भोगने, तुझे तेरा करम बुलाए॥ २०॥

श्रेष्ठ पुरुष का कर्म प्रति, बनता एक उदाहरण।
लोक सभी लें प्रेरणा, करें वैसे ही कर्म वरण॥२१॥

पार्थ, मुझे त्रिलोक में, कुछ भी नहीं अप्राप्त।
कर्म है बाँधे मुझको भी, नहीं कोई अपवाद॥२२॥

किसी एक क्षण भी जो मैं, करम का छोड़ूँ हाथ।
लाखों भजते नाम जो मेरा, गिरे पतन के साथ॥२३॥

मेरे कर्म न करने से, विश्व नष्ट हो जाए।
सृष्टि के नष्टदाता-वत, मुझको जाना जाए॥२४॥

अज्ञानी भी कर्म वरण कर, भारत, यूँ तर जाएँ।
जैसे ज्ञानी, बिन आसक्ति, करम सभी कर जाएँ॥२५॥

तू तो ज्ञानी, अज्ञानी भी, करम का कर विश्वास।
यज्ञ-कर्म और ब्रह्म नियम को, रखे उर के पास॥२६॥

सृष्टि के ही नियम सभी से, कर्म-निकर्म करवाएँ।
मूरख समझे उससे ही, सब कुछ होता जाए॥२७॥

गुण औ' कर्म का भेद जो जाने, महाबाहो वह ज्ञानी।
गुण जावे ज्यों, त्यों गुण आवे, रीत करम अभिमानी॥२८॥

गुण-कर्मों में लिप्त रहे जो, मोहित वे अज्ञानी।
आसक्ति तजने की उनसे, कैसे कहें कहानी॥२९॥

आहुति दे कर्म की अपनी, निर्मल चित्त औ' शुद्ध।
मोह माया, संताप रहित, रण में कर तू युद्ध॥३०॥

दोष, बैर को त्याग के, जो श्रद्धा कर्म अपनायेगा।
स्वयं कर्म के बंधन से, शीघ्र मुक्त हो जाएगा॥३१॥

किंतु कर्म के धागे में, जो दोष ही बुनता जाएगा।
ऐसा ज्ञानी साधू भी, दुराचारी कहलायेगा॥३२॥

हर प्राणी का धरम है जैसा, वैसा उसका काम।
अपने धरम के उलटा जाना, निष्फल और निष्काम॥३३॥

इंद्रियों में राग-द्वेष, प्रति पल फूलते-फलते।
वश में इनको करने से ही, जीवन के फल मिलते॥३४॥

विधिवत दूजा धर्म निभाए, हो विपरीत स्वभाव।
उसके अमल से उत्तम है, निज धर्म में प्राण गँवाओ॥३५॥

**अर्जुन—**

वार्ष्णेय क्यों, बंधुजन सब, ज्ञान न ये भज पाए।
अपने धरम करम के उलटे, ओर पाप की जाए॥३६॥

**कृष्ण—**

माता जिसकी राजस है, काम, क्रोध है जाए।
बैरी, पापी असुरा है, जीवित ये खा जाए॥३७॥

ढकता है ज्यों धुआँ आग को, और दर्पण को धूल।
त्यों ही काम के पर्दे पीछे, रहे ज्ञान सब भूल॥३८॥

भूख है इसकी अग्नि जैसी, पेट भरा न जाए।
भड़के जब ये कामना, बुद्धि भस्म हो जाए॥३९॥

इद्रियाँ, मन और बुद्धि, तीनों काम अधीन।
मोहित करते संसारी को, ज्ञान को करते क्षीण॥४०॥

अतः अर्जुन, तू सबसे पहले, इंद्रि को ले जीत।
काम-क्रोध की साँसें पल में, थम जाने की रीत॥४१॥

तन पे इंद्रियाँ राज करें, उन पर मन और बुद्धि।
बुद्धि से भी बली आत्म है, कर दे सबकी शुद्धि॥४२॥

बुद्धियोग से विजित ले इंद्री, ले अपने को जान।
काम शत्रु हो जाएगा, स्वयं हत विधान॥४३॥

# विशिष्ट श्लोक

इस अध्याय के निम्न श्लोक स्मरण और जीवन में अपनाने योग्य हैं।

अन्नाद्भवन्ति भूतानि पर्जन्यादन्नसम्भवः।
यज्ञाद्भवति पर्जन्यो यज्ञः कर्मसमुद्भवः॥

हमारे कर्म ही हमारे सभी जीवनरूपी यज्ञों में समर्पित आहुति और उस यज्ञ से प्राप्त होनेवाले संसाधन का बीज हैं। जैस कर्म होगा, वैसे ही जीवन यज्ञ का स्वरूप होगा और उस यज्ञ से उत्पन्न जीवन जल की वर्षा। जैसा जीवन रस होगा, वैसा ही उसको पोषण देनेवाला अन्न तथा जैसा अन्न उत्पन्न होगा, वैसी ही सृष्टि। मनुष्य के हित में है कि वह कर्म-यज्ञ-अन्न-सृष्टि चक्र का विधान अपने अंतर्मन में बसा ले।

अतः सृष्टि के नियमों की रूपरेखा का उत्तरदायित्व स्वयं हमारे कर्म हैं। सृष्टि का किसी एक दिशा में गोचर कोई परम ब्रह्म परमात्मा या स्वयं सृष्टि की इच्छा नहीं, वरन्, हमारे अपने कर्मों से परिभाषित यज्ञ है। सृष्टि भी उस यज्ञ का भाग है, जिसका मूल बीज हमारा कर्म है।

श्रेयान स्वधर्मो विगुणः परधर्मात्स्वनुष्ठितात्।
स्वधर्मे निधनं श्रेयः परधर्मो भयावहः॥

हमारी गुण-प्रकृति के अनुरूप हमारा निज धर्म ही श्रेष्ठ धर्म होता है। किसी अन्य धर्म के अनुसरण से बेहतर है कि हम अपनी अंतरात्मा को सुनें और उसका अनुसरण करें। अपने निज धर्म की राह में यदि हमें अपने प्राण भी गँवाने पड़ें, तो वह परधर्म के आश्रय में जीवित रहने से श्रेष्ठ है। (यहाँ धर्म का अर्थ किसी ईश्वर, पद्धति अथवा रीति-रिवाज से नहीं है, बल्कि अपने अस्तित्व और अपनी प्रकृति के अनुरूप कर्म करने से है)

# अध्याय-४

# ज्ञान-कर्म-संन्यास-योग

इस अध्याय में भगवान् कर्म-अकर्म-निकर्म की परिभाषा देते हैं, निष्काम कर्म के उपाय और तत्त्व ज्ञान की श्रेष्ठता का बखान करते हैं।

प्रभु कहते हैं कि कर्म तो आवश्यक है, किंतु अज्ञानवश किया हुआ कर्म, उसके फल से वंचित कर देता है। ज्ञान तो वह गठरी है, जो कुकर्म और निकर्म के पापों को भी हर लेता है।

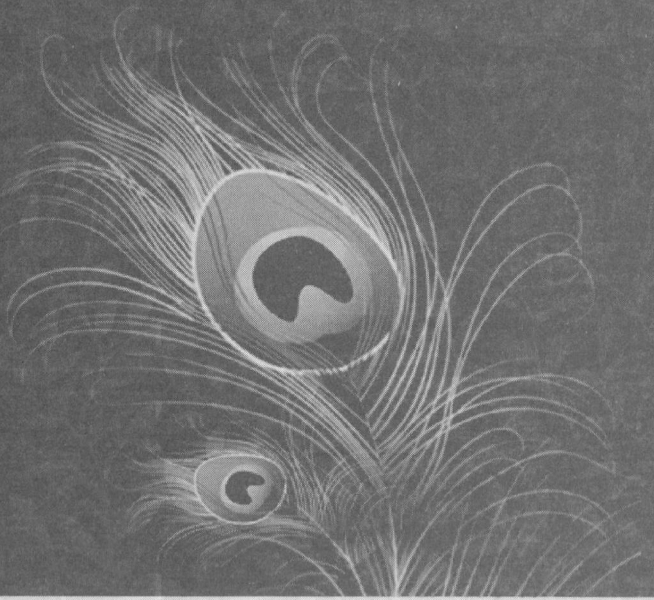

**कृष्ण—**

कर्म-योग की गाथा मैं सदियों से कहता आया।
सूर्य-मनु-ईक्षवाकु द्वारा, ज्ञान यह बहता आया॥१॥

युग-युग से यह ज्ञान परंतप, ऋषि-मुनि भजते आए।
किंतु लुप्त हुआ धरा से, आगे कौन बताए॥२॥

तुम हो मेरे मित्र, सखा, और इसके पालन योग्य।
इस कारण मैं कहता हूँ, उत्तम रहस्य यह योग॥३॥

**अर्जुन—**

आप अभी जन्मे मुरलीधर, सूरज भया पुराना।
फिर आप ने कैसे बोला था, भला मुझे समझाना॥४॥

**कृष्ण—**

जन्म हमारे हुए परंतप, एक नहीं अनेक।
तू अनजान है लेकिन मैं, सब सकता हूँ देख॥५॥

मैं अजन्मा, अमर, है मेरा, रूप न बस ये काया।
कर अधीन निज प्रकृति को, प्रकट भया मैं माया॥६॥

जब-जब धर्म की हानि होती, अधर्म का हो विस्तार।
तब-तब मैं कल्याण के हेतु, लेता हूँ अवतार॥७॥

सज्जन की रक्षा करूँ-दुर्जन देता फूँक।
पुनः धर्म स्थापित करूँ, युग-युग लेकर रूप॥८॥

मेरे जन्म, औ' कर्म अलौकिक, मुझको जो ले जान।
पा जाए वो मुझे, मुक्त वो, धरे नहीं फिर प्राण॥९॥

जिसने अपना रोग-द्वेष, और क्रोध लिया है त्याग।
जिसने चिंतन मुझे किया, पाया मेरा अनुराग॥१०॥

जैसी भक्ति, प्रेम, आस्था, भक्त मुझे अपनाए।
वैसी ही मैं वरता उनको, पार्थ, ये गुनता जाए॥११॥

मृत्युलोक में फल के हेतु, सभी पूजते देव।
किंतु कर्म के कारण ही, सिद्धि मिलती सदैव॥१२॥

गुण-कर्म आधार पर मैंने, सृष्टि रची अपार।
किंतु मैं अकर्ता हूँ, न कि रचनाकार॥१३॥

क्योंकि कर्म-फल में मेरी, इच्छा हुई विलीन।
हो ज्ञानी जो भगत वो मेरा, हो न करम अधीन॥१४॥

पूर्व काल से योगी-ध्यानी, करम ये करते आए।
पुण्य करम से तू भी उनकी, रीति आगे बढ़ाए॥१५॥

कर्म-अकर्म का भेद सहज, जान न पाए ज्ञानी।
सुन मुझसे तू, तत्त्व परम, मोक्ष मार्ग निशानी॥१६॥

कर्म, अकर्म, विकर्म को, तू जान ले शीघ्र।
देर करे, पछताएगा—कर्म गति है तीव्र॥१७॥

कर्म करे औ' भूले, बिन करम करे सब जाने।
योगी उत्तम कहें उसे जो, यह अंतर पहचाने॥१८॥

बिन संकल्प औ' कामना, जो करता जाए काम।
ज्ञान के अग्नि पोषण से, वह ज्ञानी निष्काम॥१९॥

बिन फल औ' आसक्ति के, तृप्त हो जिसका चित्त।
सब कुछ करके, नहीं करे, हृदय धरोहर रिक्त॥२०॥

मन को जीते, तन को जीते, और जीते जो आप।
कर्ता मात्र शरीर का, करे नहीं कछु पाप॥२१॥

संतुष्टि हो मन में जिसके, राग-द्वेष न लाए।
सिद्धि औ' असिद्धि को, एक समान अपनाए॥२२॥

नष्ट करे ममता,आसक्ति, उर लावे जो ज्ञान।
यज्ञ की भाँति जतन करे, हर ले हर परिणाम॥२३॥

ब्रह्मस्वरूपी यज्ञ हो तेरा, ब्रह्मस्वरूपी काम।
ब्रह्मस्वरूपी आहुति और ब्रह्म्स्वरुपी धाम॥२४॥

पूजें कुछ जन, फल के हेतु, कर देवों का अनुष्ठान।
योगी केवल करम ही पूजें, यज्ञ की भाँति काम॥२५॥

योगी फूँके निज इच्छा को, जलती संयम अग्नि में।
अज्ञानी तो लोभ ही बरता, इंद्रियों की जननी में॥२६॥

ज्ञान प्रकाश से हो जाती है, प्रत्येक इच्छा अधीन।
आसक्ति औ' भोग की ज्वाला, संयम होती विलीन॥२७॥

यज्ञ रूप अनेकों, अर्जुन, तज के धन, आराम।
कुछ हैं तजते भेद जगत् के, कुछ तजते अज्ञान॥२८॥

प्राणों को अपान से कोई, कोई अपान को प्राणों से।
न्योछावर कर चित्त धरे, प्राणायाम पुराणों से॥२९॥

आहुति कर प्राण, प्राण में, धर इच्छा ऊपर पाश।
साधक सब यज्ञों से करते, निज पापों का नाश॥३०॥

कैसा भी हो यज्ञ रहे, सुख देता तिहूँ लोक का।
निर्यग्य, न भोगे स्वर्ग, न सुख मृत्युलोक का॥३१॥

चुन कोई भी कारण तू, चुन कोई भी साधन।
यज्ञ सरूपी अस्त्र ही काटे, कर्म के सारे बंधन॥३२॥

द्रव्य कामना से उत्तम है, ज्ञान की इच्छा करना।
कर्म नदी को अंततः तो, ज्ञान-सागर में बहना॥३३॥

ज्ञान योग अपनाने को, यज्ञ जो करता जाएगा।
मन में बैठी हर शंका का, उत्तर सहज ही पाएगा॥३४॥

जानेगा तब अटल सत्य तू, मोह को करके क्षीण।
जब देखेगा निज में, मुझमें, सबका भूत अधीन॥३५॥

पाप यदि हो तेरा गहरा, उथला हो सभी और का।
पाप भँवर तर जाएगा, तू लेकर ज्ञान की नौका॥३६॥

जैसे अग्नि यज्ञ की, स्वाहा, कर दे सब सामग्री को।
हर लेता है तेज ज्ञान का, पाप-कर्म की गठरी को॥३७॥

ज्ञान से उत्तम हुआ नहीं है, कभी कोई भी पावक।
ज्ञान अग्नि से चमक उठे हैं, धूमिल जो थे साधक॥३८॥

जिसने जीता निज इंद्री को, रहे साधना लिप्त।
ज्ञान नदी में गोता खाकर, वही हुआ है मुक्त॥३९॥

ज्ञानहीन, शंकाकुल नर को, मिलता केवल शोक।
उसको न इहलोक सुभाए, न सुधरे परलोक॥४०॥

ज्ञान योग जो करता अर्पण, अपने कर्म धनंजय।
कर्म उसे क्या बाँधें, उसके, नष्ट हुए सब संशय॥४१॥

हे अर्जुन! तू ज्ञान शस्त्र से, मोह का कर दे छेदन।
योगी बन और जीते रण, यू बोले मधुसूदन॥४२॥

# विशिष्ट श्लोक

इस अध्याय के निम्न श्लोक स्मरण और जीवन में अपनाने योग्य हैं—

अजोऽपि सन्नव्ययात्मा भूतानामीश्वरोऽपि सन्।
प्रकृतिं स्वामधिष्ठाय सम्भवाम्यात्ममायया॥

हमारा अस्तित्व इस काया से नहीं है, बल्कि इस काया के परे अपनी प्रकृति को अधीन करके, योग माया द्वारा प्रकट होता है। यही योगशास्त्र कृष्ण ने अर्जुन को दिया। जब हम निज प्रकृति को अधीन करके, गुणातीत होकर, योग शास्त्र का अनुसरण करते हैं, तो हमारे भीतर का पुरुष प्रकट होता है।

कर्मणो ह्यपि बोद्धव्यं बोद्धव्यं च विकर्मणः।
अकर्मणश्च बोद्धव्यं गहना कर्मणो गतिः॥

कर्मण्यकर्म यः पश्येदकर्मणि च कर्म यः।
स बुद्धिमान्मनुष्येषु स युक्तः कृत्स्नकर्मकृत्॥

अपने धर्म को पहचानने के लिए हमें कर्म, अकर्म और विकर्म का भेद होना अति आवश्यक है। ज्ञानी मनुष्य वही है और उसी मनुष्य के कर्म उसे नहीं बाँधते, जो अकर्म में ही कर्म देखता है, अर्थात् बिना कर्म का स्वामी बने, कर्म अर्पण करता है—जैसे कि वह कर्म उसने किया ही नहीं हो। इसी प्रकार अपने हर कर्म में अकर्म देखनेवाला मनुष्य उस कर्म के फल से पाप और पुण्य का भागी नहीं बनता। जितना हम अपने कर्मों से उठकर अपने कर्मों को अकर्मों की श्रेणी में डालते जाएँगे, उतना ही हम निज धर्म का पालन कर पाएँगे।

गीता के चौथे अध्याय (ज्ञान-कर्म-संन्यास योग) में २४वें से ३०वें श्लोक में १२ प्रकार के यज्ञों का वर्णन है। ये सभी श्लोक स्मरण करना इतना आवश्यक नहीं, जितना यह समझना कि हमारे किस प्रकार के कर्म, किन निष्ठाओं की आहुति, किस प्रकार के यज्ञ को जन्म देती है। हमारे कर्म में जैसे हमारी भावना होती है, उसके अनुरूप हमारे यज्ञ का अवतरण होता है—किसी यज्ञ में हम परमात्मा में ध्यान लगा रहे होते हैं, किसी में अपनी इंद्रियों की आहुति दे रहे होते हैं, किसी में देव विशिष्ट का आह्वान कर रहे होते हैं, तो किसी में संयम कि अग्नि में निज कामनाओं की आहुति दे रहे होते हैं। किसी में एक सम हो रहे होते हैं, तो किसी में अपने प्राण और आहार में संतुलन बना रहे हैं।

# अध्याय-५

# कर्म-संन्यास-योग

इस अध्याय में प्रभु कर्म संन्यासी का विस्तार से वर्णन करते हैं।
श्रीकृष्ण कहते हैं कि कर्म का त्याग करके कोई संन्यासी नहीं बन सकता।
परम संन्यासी तो वह है, जो अपनी इंद्रियों को वश में
करके अपना कर्म करता चला जाए।

**अर्जुन—**

अहो कृष्ण, मैं योग करूँ या करूँ कर्म को नष्ट।
राह दिखाओ कल्याणी, जो दूर करे यह कष्ट॥१॥

**कृष्ण—**

कर्म-अकर्म, दोनों के द्वारा, मिलता पुण्य अपार।
किंतु तजने से उत्तम है, कर्म करना स्वीकार्य॥२॥

महाबाहो, न द्वेष धरो, न इच्छा उर में धार।
द्वंद रहित मानस ही खोले, अपने मुक्ति द्वार॥३॥

मूरख समझे संन्यासी व योग-कर्म में अंतर।
ज्ञानी जानें, दोनों द्वारा, मिलता मोक्ष निरंतर॥४॥

ज्ञानयोग या कर्मयोग, हैं दोनों एक प्रकार।
राह अलग हो, देती लेकिन, लक्ष्य वही साकार॥५॥

कर्मयोग बिन महाबाहो, लाभ नहीं संन्यासी को।
कर्म छोड़, न पा सका, भक्त कोई अविनाशी को॥६॥

वश में जिसका मन हो, निर्मल जिसका शरीरी।
अमर सनातन, उसको क्या, बाँधे करम के तीर॥७॥

तत्त्व हो जिसने जाना, उस योगी की पहचान।
छूते, देखते, सूँघते, या करते हुए जलपान॥८॥

बोलते, चलते, फिरते, या फिर शयन प्रयाण।
स्वतः कर्म का ज्ञान धरे, वह इंद्री से अनजान॥९॥

मोह त्याग कर कर्म-फल का, आसक्ति से रूखा।
कमल पत्र की भाँति जल में, रहकर भी वह सूखा॥१०॥

फल की इच्छा करे बिना, जो करे कर्म आह्वान।
योगी कहते उसको सब, जो दे इंद्रिय बलिदान॥११॥

योगी तज निज कामना, मन को करता शांत।
बँधा रहे परिणामों में, जन आसक्त दुखांत॥१२॥

योगी करता कछु नहीं, न ही कछु करवाता है।
नवद्वारी देह वश करके, केवल पुण्य कमाता है॥१३॥

ईश मनुज के कर्मों का, कारण न फल, का भार धरें।
जीव विचार रचित है माया, जीव सृजन विस्तार करें॥१४॥

ब्रह्म धरे न पुण्य किसी का, पाप करे न धारण।
ज्ञान ढके, अज्ञान की चादर, दोष बुने मनभावन॥१५॥

जिसने भेदा मोह माया को, ज्ञान का दीप जलाया।
तेज तिहारा दूर जगत् में, परम तत्त्व हरषाया॥१६॥

जिनका मन है इंदुमय, बुद्धि जिनकी प्रशस्त।
ज्ञान योग के द्वारा अपने, पाप करे हैं ध्वस्त॥१७॥

गौ-गज-शूद्र-कुतुर-पंड में, योगी एक ही ध्यान धरें।
ज्ञान, ऋण, शक्ति, मल का, मोह मुक्त सम्मान करें॥१८॥

मन को जीते, तन को जीते, वह जीते संसार।
दोष रहित भूतन वो देखे, स्थित हों ब्रह्म विकार॥१९॥

प्रिय प्राप्त न हर्षित हो, अप्रिय प्राप्त न शोक।
स्थिरबुद्धि ही दुःख से छूटे, सुख भोगे तिरलोक॥२०॥

बाह्य मोह माया को त्यागे, अंतरमन जो ध्यावें।
अक्षय आनंद सुखी रहे, कष्ट कभी न पावें॥२१॥

सुख जन्मे जो मोह माया से, बनता दुःख का कारण।
कौंतेय, निर्मल सुख हेतु, तज आसक्ति जीवन॥२२॥

देह अंत से पहले ही, जो काम क्रोध का नाश करे।
सत्योगी मानव कहलावे, तत्त्वयोग प्रकाश धरे॥२३॥

अंतरात्मा जो सुख खोजे, अंतर्ज्योति दृष्टि से।
ब्रह्म-स्वरूपी जीव भया, नहीं भिन्न वह सृष्टि से॥२४॥

पाप अंत हुए हैं जिनके, शंका जिनकी मारी।
जनहित में जो ज्ञान लगाएँ, वही ब्रह्म साकारी॥२५॥

चित्त जीत के, काम त्याग के, एक सम व्यवहार धरे।
वे ज्ञानी उस परम ब्रह्म को, नित-नित ही स्वीकार करे॥२६॥

द्रव्य छोड़ के बाहर, मन के, भौंहों बीच हो ध्यान।
नास विचरते मारुत में वो, सम रखे प्राण अपान॥२७॥

वश में करके मन और बुद्धि, भय-क्रोध को भूल।
ऐसे योगी संन्यासी का, खिलता मुक्ति फूल॥२८॥

सबके तप औ' यग का धर्ता, मुझको जो ले जान।
भक्त वही है, प्रेम को मेरे, खींचे जो अनजान॥२९॥

# विशिष्ट श्लोक

इस अध्याय के निम्न श्लोक स्मरण और जीवन में अपनाने योग्य हैं:

न कर्तृत्वं न कर्माणि लोकस्य सृजति प्रभुः।
न कर्मफलसंयोगं स्वभावस्तु प्रवर्तते॥

हम प्रायः अपने भाग्य और कर्म फलों के लिए ईश्वर को उत्तरदायी मानते हैं—कहते हैं कि सब ईश्वर करवाता है। इस श्लोक में कृष्ण बताते हैं कि ईश्वर न तो मनुष्य के कर्तापन की, न कर्मों की, न ही कर्म फल के साथ संयोग की रचना करते हैं। इन सबका उत्तरदायित्व जीव के स्वभाव पर है और आसक्तिपूर्ण कर्मों के त्याग का दायित्व भी जीव का ही है, क्योंकि अस्थायी संसार के प्रति आसक्ति भी जीव की ही कृत्रिम सृष्टि है और वह ही उसे नष्ट कर सकता है।

न प्रहृष्येत्प्रियं प्राप्य नोद्विजेत्प्राप्य चाप्रियम्।
स्थिरबुद्धिरसम्मूढो ब्रह्मविद् ब्रह्मणि स्थितः॥

जो मनुष्य प्रिय वस्तु या संबंध प्रकट करके भी अति उत्तेजित या हर्षित न हो, और किसी अप्रिय प्रसंग द्वारा विचलित न हो, ऐसी स्थिर बुद्धिवाला ज्ञानी, ब्रह्म की सत्यता को जानता है और ब्रह्म की विद्वत्ता समान अटल सनातन और चिर स्थायी रहता है।

# अध्याय-६

# आत्मसंयम योग

इस अध्याय में श्रीकृष्ण योगी की पहचान बताते हैं। वे ध्यान और वैराग्य द्वारा मन को जीतने के उपाय बताते हैं। वे योगियों और योग भ्रष्ट मनुष्यों की गति का वर्णन भी करते हैं। प्रभु कहते हैं कि बड़े-बड़े योगियों को यह साधना कई जन्मों के उपरांत आती है। तब तक वे जन्म-मृत्यु चक्र में फँसे रहते हैं।

**कृष्ण—**

अग्नि तज के संन्यासी, न कर्म त्याग के योगी।
कर्मफल जो तजता मानव, वही है सच्चा योगी॥१॥

संन्यास जिसे सब जानें, है संकल्पों का त्याग।
फल से तुझको दूर हटाना, होगा सब अनुराग॥२॥

योगी रूप की इच्छा हो तो,कर्म करो निष्काम।
संकल्पों को हरो, फल-लहरों को दो विश्राम॥३॥

चित्त न भोगे इंद्री, न मोह जुड़े जब काम में।
मानव तब ही योग धरे, संकल्पों के बलिदान में॥४॥

अपना ही संसारे सँवारे, धोए अपने पाप।
निज ही निज का मित्र है, शत्रु भी निज आप॥५॥

यदि जीता है इच्छाओं को, तो है स्वयं का मित्र।
यदि जीता है इच्छाओं ने, तो बना स्वयं का शत्रु॥६॥

सर्दी-गरमी, सुख-दुःख में, स्थिर जो मान-अपमान।
दुर्लभ होते ऐसे योगी, बरते केवल ज्ञान॥७॥

तृप्त हृदय हो ज्ञान से जिनका, चित्त निर्विकार।
सोने मिट्‌टी पत्थर में, न अंतर हो स्वीकार॥८॥

श्रेष्ठ पुरुष वह, योगी जो, रखे न कोई लगाव।
शत्रु, धर्मी, पापी, मित्र—जिसको एक ही भाव॥९॥

मन और इंद्रिय जीतकर, न जोड़े वह पूँजी।
मन में ध्यावें धैर्य निरंतर, संगत भई अनूठी॥१०॥

शुद्ध भूमि पर कुषा धरी हो, उर में वेग न ज्वाला।
न ऊँचा हो, न नीचा - आसन ऐसा बिठाला॥११॥

मनमोहन को वश में करके, ऐसे आसन बैठ।
परम ध्यान में लीन भया, तभी मिले अद्वैत॥१२॥

स्थिर हो काया, कंठ, शीश, निर्मोही वो भाव धरे।
नहीं दिशाएँ देख कहीं, मध्य भृकुटी ध्यान धरे॥१३॥

शांत हृदय का, निर्भय उर, बरती जो ब्रह्मचारी।
भजता मुझको अंतर्मन, वही योगी व्यवहारी॥१४॥

मन को वश में कर ले, बुद्धि जिसकी शांत।
वही मोक्ष का धारी है, चिर मिले उसे एकांत॥१५॥

हे अर्जुन, जो अधिक न बरते, औ' न खाए भोजन।
अधिक न सोवे, अधिक न जागे, करे योग ये धारण॥१६॥

दुःख हरते इस योग से तब ही, जैसे अल्पाहार।
यथायोग्य ही करम की चेष्टा, यथा नींद साकार॥१७॥

मन औ' चित्त वश करके, जो धरे प्रभु का ध्यान।
मुक्त भये सब भोगों से, वह योगयुक्त इनसान॥१८॥

जैसे दीप जले बिन आँधी, ज्योति एक समान।
वैसे ही योगी का मन जो, करे प्रभु का ध्यान॥१९॥

चित्त करे अर्पण कर्मों में, योग-योग अभ्यास।
निज को देखे, निज को पावे, हो निज की ही आस॥२०॥

सुख जब मन के अंदर से, फूलता-फलता जाए।
दुःख कोई फिर जीवन में, कैसे उसे सताए॥२१॥

लाभ प्राप्त कर अंतर्मन, न बाहरी लाभ ललचाए।
कष्ट कोई न ऐसा जो, ये लाभ घटित कर जाए॥२२॥

दुःख का दुःख हो जिसमें वह, परम योग कहलावे।
एक चित्त हो मानव जिसमें, रोज निखरता जावे॥२३॥

नष्ट करे जो संकल्पों की, काम-क्रोध संतान।
उर में आती हर इच्छा का, होवे स्वयं निदान॥२४॥

एक ही दिन में कर पाएगा, न तू मन को जीत।
शनैः-शनैः अभ्यास करे जो, यही जगत् की रीत॥२५॥

चंचल है, शिशुरूपी है, धावक है यह ध्यान।
जिस ओर भागे, तिस ओर बाँधे, लागे ईश प्रधान॥२६॥

जिसका मन हो शांत, गुणों में राजस सबसे क्षीण।
सत्त्व उसी को मिलेगा अर्जुन, योग में जो हो लीन॥२७॥

पाप रहित योगी जो मन में, ईश्वर नित बिठाए।
इस लोक में सुख भोगे, और मोक्ष प्राप्त कर जाए॥२८॥

सर्वव्यापी, अनंत चिंतन में, एक ही भाव लगाए।
सब रूपों में एक रूप, एक में सब दिख जाए॥२९॥

जो मुझमें ही सब को देखे, सबमें देखे मुझको।
वह सदैव ही साथ है मेरे, न छोड़ सकूँ मैं उसको॥३०॥

हर जीव में, मुझको देखे जो, उर से अपने लगाए।
नित्य कर्म करते भी, उसका, प्रभु कर्म कहलाए॥३१॥

हे अर्जुन! जो सुख और दुःख में रहे एक समान।
वही परम योगी है मानव, पाए श्रेष्ठ स्थान॥३२॥

**अर्जुन—**

मधुसूदन सम-योग भाव को, तुमने तो समझाया।
किंतु अपने चंचल मन वश, मैं ही समझ न पाया॥३३॥

चंचल है, उद्दंड है, मन होए बड़ा बलवान।
बाँधे न बँध पाए जी है, वायु मुक्त समान॥३४॥

**कृष्ण—**

मन है चंचल, शिशु के जैसा, न बँधे किसी भी पाश।
वश में, कौंतेय, कर सकते हो, मात्र योग अभ्यास॥३५॥

मन न हो जो वश में तेरा, योग धरा बेकार।
मन को वश में करने का ही, धैर्य है उपचार॥३६॥

**अर्जुन—**

क्या हो उसका, जो योगी हो, कृष्ण, धैर्य से हीन।
अंत समय वो हो जाता है, कौन गति में लीन॥३७॥

ऐसा मानव, व्यर्थ जिए, क्या उसका हो परिणाम।
क्या वो उड़ते बादल जैसा, बरस के लौटे शाम॥३८॥

मेरी इस शंका का उत्तर, आप ही दो भगवान्।
नहीं कोई इस जग में जो दे, ऐसा उत्तम ज्ञान॥३९॥

**कृष्ण—**

कल्याणी है जीव भया जो, पार्थ करो न शोक।
न ही उसका व्यर्थ जनम है, न ही दूजा लोक॥४०॥

ऐसा योगी स्वर्ग पधारे, भोगे सुख चिर काल।
पुनः जन्म ले हरि इच्छा से, करे लोक कल्याण॥४१॥

कोख फूलता ज्ञानी की वह, लेकर जन्मे दुबार।
ज्ञान योग सिद्धि के द्वारा, दुर्लभ धरे विचार॥४२॥

पूर्व जनम की सिद्धि कुरुवर, दे उत्तम स्थान।
पुनः प्रयत्न करे वह योगी, नियति के विधान॥४३॥

योग भ्रष्ट होकर भी उसका, पूर्व जनम का लेखा।
खिंच जाता वह ओर हरि के, भाग्य की ऐसी रेखा॥४४॥

जन्म-जन्मों का योग करे जो, और हरि को चाहे।
जिसका मन हो उसके वश में, मोक्ष शीघ्र ही पावे॥४५॥

योगी बड़ा तपस्वियों से, औ' ज्ञानियों से उत्तम।
योगी बड़ा कर्मधारकों से, तू भी एक योगी बन॥४६॥

योगी भी, जो मुझे को माने, चित्त मेरा ही ध्यान धरे।
परम प्रिय वह मानव मुझको, निज अपना कल्याण करे॥४७॥

# विशिष्ट श्लोक

इस अध्याय के निम्न श्लोक स्मरण और जीवन में अपनाने योग्य हैं—

बन्धुरात्मात्मनस्तस्य येनात्मैवात्मना जितः।
अनात्मनस्तु शत्रुत्वे वर्तेतात्मैव शत्रुवत्॥

जिसने अपने आप से अपने आप को जीत लिया लिए है, उसका आत्म उसका सबसे बड़ा मित्र होता है, क्योंकि वह आत्म निर्मल और शुद्ध रह कर जीव का मार्ग दर्शन करता है। किंतु, जो अपने आप से अपने आप को नहीं जीत पाता, उसका आत्म ही उसका सबसे बड़ा शत्रु है, क्योंकि, वह आत्म भोग विलास में रत रह कर जीव को मिथ्या और पतन की ओर ले जाता है।

शुचौ देशे प्रतिष्ठाप्य स्थिरमासनमात्मनः।
नात्युच्छ्रितं नातिनीचं चैलाजिनकुशोत्तरम्॥

अपने मन और आत्म को स्थिर स्थापित करने के लिए आवश्यक है, शुद्ध और सत्यवान आत्मरूपी भूमि—यदि हमारा आत्म ही मैला होगा, तो मन कैसे स्थिर होगा ? ऐसे पुण्य आत्म के ऊपर चाहिए स्वयं का आत्म-ज्ञान, जिसमें जीव स्वयं को न किसी से ऊँचा समझे, न ही किसी से नीचा। यदि कभी कोई श्रेष्ठता अथवा हीनता की भावना आए भी, तो जिस प्रकार कुश (घास) कठोर धरती से हमारी रक्षा करती है, उस प्रकार अपने आत्मबल द्वारा हमे उस हीन या श्रेष्ठ भावना को स्वयं तक नहीं पहुँचने देना है।

समं कायशिरोग्रीवं धारयन्नचलं स्थिरः।
सम्प्रेक्ष्य नासिकाग्रं स्वं दिशश्चानवलोकयन्॥

मन को स्थिर रखने के लिए अपनी काया, जिसमें हमें कर्मेन्द्रियाँ प्राप्त हैं, उनको स्थिर रखना अति आवश्यक है—क्योंकि जैसा कर्म हम अपनी कर्मेंद्रियों से करवाएँगे, वैसी ही हमारी गति होगी। तत्पश्चात्, हमारी दृष्टि आत्म के नाभिकी, यानी, सभी ऊर्जा का स्त्रोत, पर केंद्रित होने चाहिए, न कि आसपास के वातावरण पर। अब हम अपना ध्यान आत्म के स्वास्थ्य की ओर ले जाएँगे, तो मिथ्यावादी संसार से स्वतः हमारा मन दूर हो जाएगा।

# अध्याय-७

# ज्ञान-विज्ञान योग

इस अध्याय में हरि ब्रह्म, माया, भक्त और भक्ति के संतुलन के बारे में बताते हैं। प्रभु कहते हैं कि जड़, चेतन, पृथ्वी, आकाश, जल, वायु, अग्नि, भूत, भविष्य, सब चेतनाओं में प्रभु व्याप्त हैं और उनका स्मरण किसी भी रूप में किया जा सकता है।

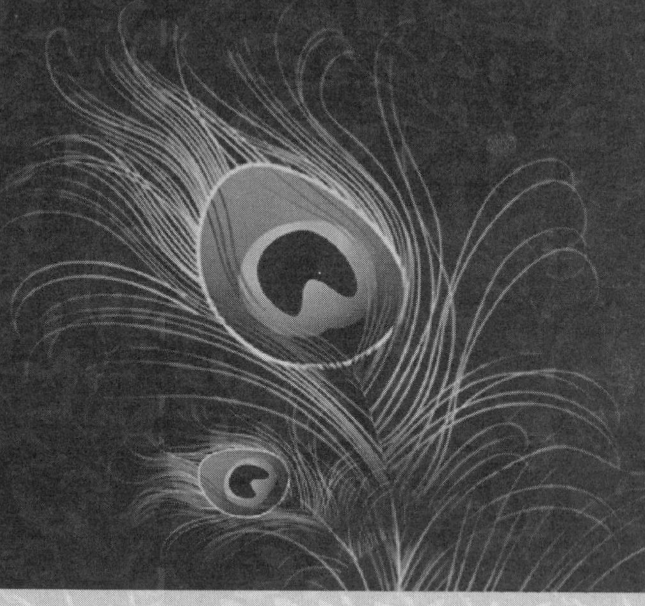

**कृष्ण—**

हे पार्थ, तू तज आसक्ति, कर मुझमें ही ध्यान।
सुन तू मुझसे, रूप ये मेरा, जिससे तू अनजान॥१॥

ज्ञान तुम्हें, विज्ञान सहित, अब मैं तुम्हें बताता।
जान जिसे, कुछ और जानना, शेष नहीं रह जाता॥२॥

मुझको पाने योगी-भोगी, जतन करें हजार।
कोई-कोई ही किंतु मेरा, जाने पूर्ण आकार॥३॥

मेरा रूप न एक, यह है अष्ट तत्त्व का मिश्रण।
भू, जल, वायु, नभ, मन, बुद्धि, अहं, अगन॥४॥

यह तो मेरा भौतिक वर्णन, चेतन रूप अनंत।
परा शक्ति है चेतना, अक्षर पुरुष धरंत॥५॥

जड़ चेतन के संगम से, सृष्टि भयी, यह जान।
मैं ही जगत् का निर्माता हूँ, मैं ही नाश का भान॥६॥

मुझसे श्रेष्ठ न पाए धनंजय, जो खोजे वो अभागा।
सारे जगत् की मणि-माला का, मैं ही तो हूँ धागा॥७॥

मैं हूँ, कौंतेय, जल का द्रव्य, चंद्र और सूर्य प्रकाश।
नर-पौरुष, वेदों का अक्षर, या शब्द भरा आकाश॥८॥

मैं अग्नि का तेज, महक हूँ मैं धरती की मिट्टी में।
भूत अभूत का सम, मैं हूँ तपस्वियों की सिद्धि में॥९॥

सर्व भूतों का बीज हूँ मैं, पार्थ, मूल सनातन का।
तेजस्वियों का तेज भी मैं, विद्या बुद्धिमानों का॥१०॥

मोह माया से मुक्त भया, मैं तेज हूँ शक्तिधारों का।
धर्मानुकूल आगे बढ़े, वेग मैं हूँ परिवारों का॥११॥

मुझसे उत्पन्न जानो तुम, ताम-राज, गुण सात्त्विक।
मुझमे आश्रित, बना सके, फिर भी मुझे न बंधिक॥१२॥

भ्रम में इनके बँधा हुआ, सब पीड़ित संसार।
कैसे पाए जीव मुझे, मैं इन तीनों के पार॥१३॥

इस माया के परे देखना, कठिन भया घनघोर।
शरण मेरी जो लेते हैं, तर जाते चहुँओर॥१४॥

असुरी, माया, नीच, अधर्मी धूमिल जिनका भाव।
शरण मेरी न पाते, झेलें दुःख और कष्ट-अभाव॥ १५॥

मुझे पूजते भाँति-भाँति से, नर जो चार प्रकार।
पीड़ित, ज्ञानी, वर पाने को, या पाने मोक्ष का द्वार॥१६॥

श्रेष्ठ है इनमें ज्ञानी जो, मुझको हृदय बिठाए।
हृदय में मेरे वास करे, मुझमें ही रम जाए॥१७॥

पल-पल मुझको भजते रहते, चारों भक्त उदारी।
किंतु मेरा रूप धरे जो, ज्ञानी सब पे भारी॥१८॥

सब जन्मों के बाद में सज्जन, योनि मनुज को पाए।
मुझमे ध्यान लगाए, दुर्लभ, जीव हरि को ध्यावे॥१९॥

हरता जिसको काम है जैसा, रखता वैसा ध्यान।
दया कृपा पा जाने को, उस देव करे आह्वान॥२०॥

जिस भक्त की जिसमें श्रद्धा, जैसा रूप का मान।
तिस भक्त के हृदय में देता, यथा देव स्थान॥२१॥

भक्त यह समझे, उसे मिला है मन चाहा वरदान।
इष्टदेव से, किंतु असल में, मैंने ही किया निदान॥२२॥

मूढ़ मनुज, फल मूढ़ ही पाते, मूढ़ देव सौजन्य।
देवार्थ हैं देव को पाते, परम धाम सब अन्य॥२३॥

मानव तन है, मानव मन है, मानव जैसी काया।
मुझ अविनाशी परम तत्त्व को, मूढ़ समझ न पाया॥२४॥

मूरख के मन बसता मैं भी, बन मूरख अनजान।
ढक लेता निज माया से मैं, दिखता न भगवान्॥२५॥

हे अर्जुन, मैं भूत, भविष्य, साक्षात् मैं वर्तमान।
भगत अलावा कोई मुझको, न ही पाया जान॥२६॥

राग-द्वेष-इच्छा के मारे, दुखित भए नर-नारी।
मोह-माया के जाल, परमतप, उनको पड़ते भारी॥२७॥

किंतु जो निष्काम की भाँति, करम हैं करते जाएँ।
प्रिय वही हो मुझको, उनके पाप नष्ट हो जाएँ॥२८॥

जन्म-मरण से मुक्ति पाने, शरण मेरी जो आए।
परम ब्रह्म, अध्यात्म के द्वारा, एक जन्म तर जाए॥२९॥

अधिभूत, अधिदैव सहित, अधियज्ञ उर - लावें।
अंत काल में हरि-चित्त वे, भक्त मुझे ही पावें॥३०॥

# विशिष्ट श्लोक

इस अध्याय के निम्न श्लोक स्मरण और जीवन में अपनाने योग्य हैं—

भूमिरापोऽनलो वायुः खं मनो बुद्धिरेव च।
अहङ्कार इतीयं मे भिन्ना प्रकृतिरष्टधा॥
अपरेयमितस्त्वन्यां प्रकृतिं विद्धि मे पराम्।
जीवभूतां महाबाहो ययेदं धार्यते जगत्॥

ईश्वर की आकृति भूमि, जल, अग्नि, वायु, आकाश, मन, बुद्धि और अहंकार द्वारा अपरा प्रकृति में व्याप्त है, किंतु इस भौतिक प्रकृति के पार, ईश्वर की विद्यता उस पुरुष में है, जिसके द्वारा इस भौतिक प्रकृति को धारण किया जाता है।

(३०)

साधिभूताधिदैवं मां साधियज्ञं च ये विदुः।
प्रयाणकालेऽपि च मां ते विदुर्युक्तचेतसः॥

ईश्वर को पाने के लिए इस संसार से विमुख होने की आवश्यकता नहीं है।

जो जीव अधिभूत (अपनी भौतिक स्थिति में रहकर), अधिदैव (अपने पौरुष बल के साथ), अधियज्ञ (अपने कर्मों को निरंतर समर्पित करते हुए) के साथ, प्रतिफल ईश्वर का ध्यान रखता है, वह जीवन के अंत में भी, उसी चेतना को प्राप्त होता है।

# अध्याय-८

# अक्षर ब्रह्मयोग

इस अध्याय में प्रभु ब्रह्म, जीव, कर्म की व्याख्या करते हुए पुनर्जन्म के सिद्धांतों पर प्रकाश डालते हैं। वे ज्ञान-अज्ञान के मार्ग का परिचय देते हैं।
वे बताते हैं कि कब कैसा जीव पुनर्जन्म को प्राप्त होगा
अथवा जीवन-मृत्यु चक्र से मुक्त हो जाएगा।

**अर्जुन—**

हे पुरुषोत्तम, ब्रह्म है क्या, कर्म, क्या अध्यात्म।
क्या अधिभूत, क्या अधिदैव, ज्ञान दे परमात्म॥१॥

कौन अधियज्ञ, जो जीवन में इस मानव देह को पाए।
अंतकाल में, हे मधुसूदन, द्वार हरि के जाए॥२॥

**कृष्ण—**

ब्रह्म बुलाते अक्षर को, अध्यात्म जीव का भाव।
प्रगट हुआ जो त्याग के द्वारा, संचित कर्म स्वभाव॥३॥

अधिभूत है नश्वर वस्तु, जीव पुरुष अधिदैव।
अधियज्ञ इस देह से बंधित, रहता मैं ही सदैव॥४॥

अंतकाल में प्राण तजे धर, इन तीनों का ध्यान।
बिन संशय पा जाए मुझको, बोले श्री भगवान्॥५॥

अंतकाल में नर-नारी, जैसी बुद्धि-भाव धरे।
कालांतर में हे कौंतेय, उसी गति का चाव करे॥६॥

हे अर्जुन! तुम कर्म करो, तुम करो मेरा ही सिमरन।
मुझको पाने, कर दो अपना, निज मुझ में ही अर्पण॥७॥

प्रतिफल प्रभु को पूजे जो, पार्थ करे अभ्यास।
चित्त धरे, चिंतन धरे, हरि उनमें करते वास॥८॥

जो मानव सर्वज्ञ धरे, परम प्रभु का ध्यान।
सूर्य की भाँति ऊर्जित होता, नहीं रहे अज्ञान॥९॥

परम योगी जो प्राण धरे, भृकुटी मध्य स्थापित।
निश्छल मन से देह अपनी, करे ब्रह्म को अर्पित॥१०॥

वेद ज्ञानी का जीवन है, आसक्तिहीन का लक्ष्य।
ब्रहम-व्रत संकल्प है जो, सुन उसका वक्तव्य॥११॥

सब इंद्रि को वश में कर, हृदय चित्त को थाम।
योग सशक्त वो, मस्तक में, धर ले जो भी प्राण॥१२॥

जाते-जाते जो कह जाए, घोर नाद ओंकार।
परमगति वह पाए, स्वयं प्रभु का ले आकार॥१३॥

मुझमें ध्यान लगा कर जो, करता मुझको याद।
अंतकाल में उस योगी का, मुझसे हो संवाद॥१४॥

मुझे प्राप्त करे जो नर, न, पुनर्जन्म हो उसका।
मुक्त भया वो जीव चक्र से, मुक्त भया सुख-दुःख का॥१५॥

पुनः जन्म लेते वे सब जो, माया लोक विचरते।
किंतु मुझमें प्राप्त भए जो, नहीं जन्म फिर लेते॥१६॥

एक हजार युग है ब्रह्म का, एक दिवा और रात।
परम योग और तत्त्व को समझें, जो जाने यह बात॥१७॥

ब्रह्म दिवा आरंभ भए तो, सृष्टि होती उत्पन्न।
ब्रह्म रात्रि छा जाए तो, जग विलीन संपन्न॥१८॥

चक्र निरंतर प्रकृति का ये, पार्थ, है चलता जाए।
ब्रह्म दिवा से प्रकटे जग, रात प्रलय अपनाए॥१९॥

किंतु इस क्षर चक्र के बाहर, अक्षर मेरा रूप।
नष्टि में न नष्ट भए, वह निर्मल चिर स्वरूप॥२०॥

कहें उसी को अक्षर, अव्यक्त परम गति है नाम।
वही ध्येय निर्वाण का, अंतः लक्ष्य का धाम॥२१॥

सब प्राणी हैं जिसमें, जिनसे चले नित्य संसार।
पार्थ, हरि वे मिलते हैं, जब भक्ति होए अपार॥२२॥

देह त्यागकर जीव सभी, परम गति को पावें।
मैं बतलाऊँ भेद पुराना, या फिर लौट के आवें॥२३॥

साधक शुक्लपक्ष जो, दिन में उत्तरायण में जाते।
परम गति हो प्राप्त उन्हें, न पुनः लोक में आते॥२४॥

कृष्णपक्ष व दक्षिणायन रात्रि प्राण है तजते।
स्वर्ग प्राप्त कर वे वापस, पुनः-पुनः जनमते॥२५॥

शुक्लपक्ष कृष्णपक्ष में, आत्म सिधारे लोक।
पित्रयान से पुनर्जन्म, देवयान से मोक्ष॥२६॥

जो जाने यह ज्ञान, वो योगी, नहीं भरम का काम।
उस योगी की भाँति पार्थ, हरि का तू ले नाम॥२७॥

योगी जो इस भेद को जाने, वेद, यज्ञ तप करते।
दान करे और पुण्य कमाए, हरि कृपा को भरते॥२८॥

# विशिष्ट श्लोक

इस अध्याय के निम्न श्लोक स्मरण और जीवन में अपनाने योग्य हैं—

अक्षरं ब्रह्म परमं स्वभावोऽध्यात्ममुच्यते।
भूतभावोद्भवकरो विसर्गः कर्मसञ्ज्ञितः॥

कृष्ण ने बहुत ही सुंदरता से कर्म की इस श्लोक में परिभाषा दी है। ब्रह्म तो अक्षर अविनाशी तत्त्व है और उसी प्रकार जीव का स्वभाव भी अक्षत, अमर है। किसी भी जीव के द्वारा अपनी प्रकृति को उद्गार करने के लिए संसार के प्रति जो त्याग है, जिसमें कर्ता का कोई स्वार्थ या फलेच्छा नहीं है, उसी को कर्म कहते हैं।

यं यं वापि स्मरन्भावं त्यजत्यन्ते कलेवरम्।
तं तमेवैति कौन्तेय सदा तद्भावभावितः॥

किसी भी पल, पहर, दिन, मास, वर्ष अथवा जीवन के अंत में हमारी जैसी मनोस्थिति होती है। हमारा अगला पल, पहर, दिन, मास, वर्ष अथवा जीवन उसी मनोस्थिति से प्रारंभ होता है। जैसे हम अपने विचार रखते हैं, हम वैसी ही गति को प्राप्त होते हैं।

अग्निर्ज्योतिरहः शुक्लः षण्मासा उत्तरायणम्।
तत्र प्रयाता गच्छन्ति ब्रह्म ब्रह्मविदो जनाः॥

धूमो रात्रिस्तथा कृष्णः षण्मासा दक्षिणायनम्।
तत्र चान्द्रमसं ज्योतिर्योगी प्राप्य निवर्तते॥

यदि हमारी मनोस्थिति शुक्लपक्ष के बढ़ते चंद्रमा और उत्तरायण में उभरते सूर्य की भाँति तेजवान है, तो हमारी गति भी ब्रह्म के साथ लीन होनेवाली होती है तथा हम प्रति-पल एक उच्च चेतन अवस्था को प्राप्त होते हैं। इसके विपरीत, यदि हमारी मनोस्थिति कृष्णपक्ष के घटते हुए चंद्रमा, अथवा, दक्षिणायन को विचरते सूर्य की भाँति क्षीण है, तो हम निश्चय ही निम्न योनि और गति को प्राप्त होते हैं।

# अध्याय-९

# राजविद्याराजगुहयोग

इस अध्याय में श्रीकृष्ण भक्ति, प्रलय, सृष्टि, मोक्ष का बखान करते हैं
और भक्तों को प्रलय से बचने एवं हरि कृपा से मोक्ष का द्वार दिखाते हैं।

**कृष्ण—**

ज्ञान कहूँ विज्ञान सहित, दोषदृष्टि से दूर।
मुक्त रहे हर व्याधि से, जान विद्या यह गूढ़॥१॥

विद्या गुप्त औ' श्रेष्ठ भयी, फल प्रत्यक्ष है पावन।
धर्मयुक्त और अविनाशी, सुगम है इसके साधन॥२॥

श्रद्धा हीन तज के यह ज्ञान, संशय लाते मन में।
मुझे प्राप्त न हो वे फँसते, मात्र जीवन-मरण में॥३॥

विश्व रूप जाने तू मेरा, अव्यक्त अक्षर विस्तार।
सब मुझमें स्थित, न मैं हूँ, कहीं स्थित एक विचार॥४॥

बिन धरे रूप मैं सबका, करता हूँ पोषण पालन।
न वो रहते मुझमें, न मैं हूँ उनसे धारण॥५॥

वायु भरा आकाश है, जैसे बिन आकार के।
वैसे ही सब मुझमें हैं, इसी ज्ञान आधार के॥६॥

काल अंत में कुंती नंदन, मुझमें ही सब लीन।
काल आदि में पैदा होते, सब मेरी प्रकृति अधीन॥७॥

प्रकृति निज मैं वश में करके, रचता मैं संसार।
प्रकृतिवश होने से उनका, न होता उद्धार॥८॥

सुनो धनंजय, जग रचता मैं, आसक्ति के पार।
मोह-माया न मुझको बँधे, न कर्म बंधन के द्वार॥९॥

मेरे ही निर्देश नियम हैं, कारण जग उत्पत्ति का।
हे कौंतेय, न कुछ स्थिर, रूप वेश है प्रकृति का॥१०॥

मूरख मुझको जान सके, न दिव्य शक्ति को मेरी।
मान के मानव, दूषित करता, तप श्रद्धा में देरी॥११॥

व्यर्थ की आशा, ज्ञान औ' कर्म, हो उनके बेकार।
असुरी, मोहिनी प्रकृतिवश करते जो व्यभिचार॥१२॥

किंतु पार्थ, धरे चेतना, दैवीय, जो ज्ञानी।
उसने मेरे ब्रह्म छवि की आकृति निज को मानी॥१३॥

अडिग आस्था, भक्ति से, भक्त जो मुझको पूजें।
मेरे उर में लीन भए वे, नहीं कष्ट से जूझें॥१४॥

और भी योगी, भिन्न तरह से, धरते मेरा ध्यान।
रूप विराट को सेवक सम, मन में देते धाम॥१५॥

मैं ही यज्ञ, और स्वधा भी, अग्नि मैं ही कृतु हूँ।
औषधि मैं, सामग्री मैं, मंत्र मैं यज्ञ की घृत हूँ॥१६॥

मात-पिता मैं, पितामहः, मैं सृष्टि करता धारण।
ऋग्वेद, सामवेद, यजुर्वेद, मैं ओंकार हूँ पावन॥१७॥

लक्ष्य हूँ मैं, कारण, पोषक, साक्षी प्रभु, निवास।
मैं रचेयता, प्रलय भी कर्ता, शुभाशुभ विश्वास॥१८॥

तपता मुझसे सूरज है, मैं वर्षा को बरसाता हूँ।
अमृत, मृत्यु मुझसे ही, मैं सत्य असत कहलाता हूँ॥१९॥

तीनो लोकों की विद्या पाकर, पंडित भोगे स्वर्ग।
पुण्य कमाकर, पाप रहित, मिलता उनको हर्ष॥२०॥

पुण्य क्षीण होवे तो मानव, लौटे मृत्युलोक।
पाप-पुण्य के चक्र बँधे, विचरता तीनों लोक॥२१॥

भक्त करे जो सिमरन मुझको, न उसको बिसराता हूँ।
वहन योगक्षेम कर उसका, मन उसके बस जाता हूँ॥२२॥

अन्य देव भी पूजें जो, करते मेरा ही ध्यान।
किंतु मेरी भक्ति से, रहते वो अनजान॥२३॥

सब भक्ति को भोगूँ मैं, हूँ सब यज्ञों का स्वामी।
जो न जाने गूढ़ रहस्य ये, मूढ़ मनुज अभिमानी॥२४॥

देव पितृ जो पूजें भूत, पाएँ देव पितृ भूत।
हरि जो पूजें, पाएँ हरि, जीव चक्र से जाएँ छूट॥२५॥

पुष्प, फूल, जल पत्र सहित, भक्त करे जो अर्पण।
प्रेम सहित उस भाव को, सहज मैं करता ग्रहण॥२६॥

कौंतेय, तू जो यज्ञ करे, ताप, हवन और दान।
मुझको ही अर्पण कर तू, लगा मुझ ही में ध्यान॥२७॥

कर्म अपने सब मुझमें, जब तू कर देगा अर्पित।
फल कर्म के बंधन से, तू नहीं रहेगा शापित॥२८॥

सब जीव बिठाले एक सम, प्रिय-अप्रिय न कोई।
भजे मुझे जो प्रेम से, निज प्रीत उसी में खोई॥२९॥

कितने भी हो भ्रष्ट करम, फिर भी मेरा ध्यान धरे।
उसको मानो साधू ही, वह दुराचार से रहे परे॥३०॥

धर्म धरण कर मेरा, जो भक्ति में रम जाए।
कौंतेय, न ऐसा योगी, नष्ट कभी हो पाए॥३१॥

वैश्य, शूद्र, स्त्री और पापी, सब हैं मुझमें समाए।
हे पार्थ, लीन हो के मुझमें, परम गति को जाए॥३२॥

पुण्य करम हों जिसके, वो सत या राजस होवे।
परम गति को जाते, फिर तू भी क्यों न भज ले॥३३॥

धर ले मेरा ध्यान, तू अर्जुन, कर ले मेरी भक्ति।
स्वयं को करके लीन मुझी में, कर ले अपनी मुक्ति॥३४॥

# विशिष्ट श्लोक

इस अध्याय के निम्न श्लोक स्मरण और जीवन में अपनाने योग्य हैं—

प्रकृतिं स्वामवष्टभ्य विसृजामि पुनः पुनः।
भूतग्राममिमं कृत्स्नमवशं प्रकृतेर्वशात् ॥

असत्य की विद्यता नहीं है और सत्य की विद्यता का कभी अभाव नहीं है— यह पुनः इस श्लोक से प्रमाणित हो जाता है। जो भी भाव, विचार अथवा जीव प्रकृति के अधीन होकर जन्म लेता है, वह नश्वर होता है। इसके विपरीत, जो भाव, विचार, कर्म अथवा जीव प्रकृति को अधीन करके जन्म लेता है, वह शाश्वत, अटल और सनातन होता है। ईश्वर प्रकृति के अधीन नहीं है, बल्कि प्रकृति को अधीन करके, उन सभी नाशवान प्राणियों की रचना करते हैं, जो प्रकृति के अधीन हैं।

जब भी हमारे कोई विचार, कर्म या भावना प्रकृति के अधीन होकर जन्म लें, तो हमें समझ लेना चाहिए कि वे कुछ पल के ही मेहमान हैं—जबकि प्रकृति के परे रहकर संपन्न हुए विचार, कर्म और भावना चिरंजीवी होते हैं।

यान्ति देवव्रता देवान् पितृन्यान्ति पितृव्रताः।
भूतानि यान्ति भूतेज्या यान्ति मद्याजिनोऽपि माम्॥

हम जैसी आस्था रखते हैं, वैसी ही योनि, गति और भाग्य प्राप्त करते हैं। जो देवों के प्रति आस्था रखते हैं, उनको देवों से ज्ञात भाग्य प्राप्त होते हैं, जो पितरों के प्रति आस्था रखते हैं, उनको पितर से जुड़ी गति प्राप्त होती है, जो भौतिक सृष्टि में आस्था रखते हैं, उनको भौतिक अवस्था ही मिलती है, किंतु जो अटल, सनातन, पुरुष-प्रकृति में आस्था रखते हैं, उनको अटल ब्रह्म गति प्राप्त होती है।

# अध्याय-१०

# विभूतियोग

इस अध्याय में परमेश्वर अपनी विविध विभूतियों का परिचय देते हैं। ईश्वर की ८२ विभूतियाँ हैं और वे इन सभी विभूतियों का वर्णन करते हैं।

हरि कहते हैं कि जग में जो भी सुंदर, असुंदर, बलवान, निर्बल, सूखा या गीला देखो, उन सबमें वे विराजमान हैं।

**कृष्ण—**

प्रिय मुझे तू अर्जुन, तेरा, हित है मुझको ध्यान।
परम वचन सुन, मेरे अब तू, गूढ़ रहस्य ले जान॥१॥

मेरे आदि रूप को न कोई, देव, महर्षि जाना।
मूल महर्षियों का, है मेरा, पहले देवों से आना॥२॥

जाने मुझको अजन्म, अनादि, परम ब्रह्म को पाए।
वह ज्ञानी है, निर्मोही, सब पाप से मुक्त हो जाए॥३॥

मुझसे बुद्धि, ज्ञान, मोह, मैं दया छमा का रूप।
सुख-दुःख, जीना-मरना मुझसे, जीव-अजीव स्वरूप॥४॥

संतोष, अहिंसा, सम, तप, सत, मेरे नाम पुकार।
दान-कीर्ति, यश-अपयश, भाँति भाव प्रकार॥५॥

सप्त ऋषि मनु चौदह, मुझसे ही तो आए।
विश्व जगत् की प्रजा सभी, मुझमें ही अंत समाए॥६॥

जो ज्ञानी मेरी विभूति को, संदेह रहित अपनाए।
निश्छल भक्ति युक्त भए, संशय न कोई लाए॥७॥

मैं इस जग का मूल प्रभव, मुझसे प्रवृत्त संसार।
मुझमे श्रद्धा प्रेम भजे वो, मेरी शरण विचार॥८॥

धर के मुझमें चित्त वे अपने, प्राण करें हैं अर्पण।
प्रेम औ' सुख का जीवन बीते, वरते जो मेरा गुण॥९॥

वो जो मुझसे युक्त रहें, भजते जो मेरा नाम।
प्राप्त मुझे कर जाते हैं, मैं देता हूँ वरदान॥१०॥

उन भक्तों पर कृपा हो मेरी, हर उनका अज्ञान।
ज्ञान की दीपक-ज्योत जला, उस भक्ति को दूँ मान॥११॥

**अर्जुन—**

आप अनादि अजन्म प्रभु हैं, इस जग के भगवान्।
पुरुष, शाश्वत, दिव्य परम, सर्व व्यापक निशान॥१२॥

ऐसा मैं ही नहीं, परंतु ऋषि-मुनि कहते आए।
देव, देवर्षि, व्यास मुनि, सब आपको भजते जाए॥१३॥

महिमा आपकी परा, परंतु हे केशव साक्षात्।
आपके दिव्य रूप से, अब तक देव-अदेव अज्ञात॥१४॥

देवदेव, भूतेश, जगतपति, पुरुषोत्तम हैं आप।
भूतभावन आकार को अपने, निज पहचाने आप॥१५॥

पुण्य विभूति द्वारा जी है, आपने जग की रचना।
उस माया का वर्णन स्वामी, हम भक्तों को कहना॥१६॥

रूप विराट है आपका, मैं कैसे लूँ जान।
कैसे मैं चिंतन करूँ, धरूँ मैं कैसा ध्यान॥१७॥

अपनी माया आप जनार्दन, लीला फिर से बाँचे।
केवल अपने बोल अमृत से, मन मेरा न सींचे॥१८॥

**कृष्ण—**

प्रभु बोले निज माया का मैं, करता हूँ बखान।
मेरी विभूति का अंत न आदि, पाया कोई जान॥१९॥

मैं ही सब का अंत भया, प्रारंभ व मध्य उपस्थित।
सबके हृदय में आत्मा, मुझसे ही है जीवित॥२०॥

अदिति पुत्र विष्णु भी मैं, मैं ही सूरज-ताप।
मैं मरुतों का तेज, मैं तारा, चंदा भी हूँ आप॥२१॥

सामवेद मैं वेदों का, देवों का हूँ मैं इंद्र।
प्राणों में मैं चेतना, भावों का बिंदु केंद्र॥२२॥

रुद्रों में मैं शंकर हूँ, यक्षों का हूँ कुबेर।
यज्ञ की पावन अग्नि मैं, पर्वतों का सुमेर॥२३॥

गुरुओं में मैं बृहस्पति, कार्तिकेय सेनाओं का।
नदियों का सागर हूँ मैं, स्वामी सब मायाओं का॥२४॥

भृगु जैसा मैं ऋषियों में, ओंकार रूप में वाणी।
यज्ञों में मैं जपयज्ञ हूँ, स्थिर हिमालय सानी॥२५॥

वृक्षों का मैं पीपल हूँ, सब देवों का नारद।
चित्ररथ-सा गंधर्व हूँ मैं, कपिल मुनि-सा सिद्ध॥२६॥

अश्वों में उच्चैः श्रवा हूँ, ऐरावत मैं गजराजों का।
नर-नारी का स्वामी मैं, मेरा बल राजाओं का॥२७॥

वज्र भया मैं आयुधों में, कामधेनु सब गय्या में।
वासुकि जैसा सर्पों में, कामदेव मैं रतिक्रिया में॥२८॥

नागों में मैं शेषनाग, मैं जीवन जल का स्रोत।
पितरों में मुख्य अर्यमा, मैं ही यम की ज्योत॥२९॥

दैत्य हूँ मैं प्रहलादों में, मैं ज्योतिष का काल।
गरुड़ भया मैं पक्षी में, पशुओं में सिंह विशाल॥३०॥

वायु बन के शुद्ध करूँ, कभी राम-सा शस्त्र उठाऊँ।
नदियों मगर-सा घूमूँ तो, कभी गंगा स्वयं बन जाऊँ॥३१॥

अध्यात्म हूँ मैं, मैं विद्या हूँ, सृष्टि अंत, मध्य आदि।
शास्त्रार्थ का वाद हूँ मैं, मैं तत्त्व निर्णय का वादी॥३२॥

अक्षर का आकार हूँ मैं, मैं ही द्वंद्व समासी।
कालों में महाकाल भया, मैं जीवन-मरण निकासी॥३३॥

मृत्यु-सा हरण, जीवन-सा वरण-यही है मेरी शक्ति।
कीर्ति, श्री, वाक स्मृति, मेधा, क्षमा, धृति-सी प्रकृति॥३४॥

सामवेद की बृहितसाम, छंदों में गायत्री हूँ।
मार्गशीर्ष मैं मासों में, मैं वसंत की शुभ ऋतु हूँ॥३५॥

छल-कपट का जुआ भी मैं, तेजस्वी का प्रकाश।
विजय भी मैं, निश्चय भी मैं, सात्विक नर की आस॥३६॥

कृष्ण हूँ मैं, अर्जुन भी मैं, मैं ही मुनिवर व्यास।
कविराज मैं कवियों का, शुक्राचार्य का आभास॥३७॥

दमन कर्ता का दंड भी मैं, विजयेच्छा की नीति।
गोपनीय का मौन हूँ मैं, और ज्ञानी की विभूति॥३८॥

चर-अचर का बीज हूँ मैं, इस जग का कारण मूल।
जग में न कोई प्राणी है, कोई सके जो मुझको भूल॥३९॥

दिव्य मेरी विभूति, परमतप, न अंत न आकार।
यह तो वर्णन मात्र सरल, मेरी लीला अपरंपार॥४०॥

जग में जो भी सुंदर देखो, बल युक्त या शोभावान।
सबको मेरी छवि ही समझो, सबमें मेरा स्थान॥४१॥

मेरी पूरी ख्याति जानो, ऐसा क्या है कारण।
जब मेरे इक अंश मात्र में, सर्व ब्रह्म का वर्णन॥४२॥

# विशिष्ट श्लोक

इस अध्याय के निम्न श्लोक स्मरण और जीवन में अपनाने योग्य हैं—

यच्चापि सर्वभूतानां बीजं तदहमर्जुन।
न तदस्ति विना यत्स्यान्मया भूतं चराचरम्॥

इस श्लोक के माध्यम से हमें ज्ञात होता है कि ईश्वर क्या है। ईश्वर सभी चर-अचर प्राणियों का बीज अथवा मूल कारण है और सृष्टि का कोई अंश नहीं है, जिसमें ईश्वर विद्यमान न हो।

यद्यद्विभूतिमत्सत्त्वं श्रीमदूर्जितमेव वा।
तत्तदेवावगच्छ त्वं मम तेजोंऽशसम्भवम्॥

ईश्वर की विभूतियों का कोई अंत नहीं है, इस अध्याय में ईश्वर की ८२ विभूतियों का वर्णन है—किंतु, ईश्वर क्या है—यह भी हमें इस श्लोक से पता चलता है। संसार में जो भी अद्भुत, प्राणवान, ऊर्जा से प्रेरित अथवा बलयुक्त संपदा है—सब ईश्वर का ही अंश है।

# अध्याय-११

# विश्वरूपदर्शन योग

इस अध्याय में श्रीकृष्ण अर्जुन की उत्सुकता पूर्ण करते हुए अपना विराट् रूप
दिखाते हैं और समस्त सृष्टि को अपना ही अंश बताते हैं।
समूची प्रकृति के आदि, अंत, भूत, वर्तमान व भविष्य को
स्वयं का ही काल-रूप जताते हैं।

**अर्जुन—**

हे केशव, आपने मुझ पर, किरपा ऐसे बरती है।
दिव्य ज्ञान ने मेरा मोह, दुर्बलता भी हर दी है॥१॥

सबके होने, न होने का, कारण केवल आप।
हे कमलपत्राक्ष, आपने हरा मेरा संताप॥२॥

हे पुरुषोत्तम, अद्‌भुत लगती, आपकी वर्णन भाषा।
रूप आपके, दिव्य, देखने, की मेरी अभिलाषा॥३॥

हे योगेश्वर, यदि मानते, मुझको इसके योग्य।
रूप अपने अविनाशी का, प्रकट करें संजोग॥४॥

**कृष्ण—**

प्रभु बोले, तू देख पार्थ, अब मेरा रूप विराट्।
लाख-करोड़ों देह धरे, रंग और केश ललाट॥५॥

रुद्र, अदिति पुत्र, वसु, देख तू अश्विनी कुमार।
देख मरुदगणों को, सभी अदृश्य अद्‌भुत विचार॥६॥

अंश मात्र से मेरे, सारे जग के जीव दिखेंगे।
जिसकी भी इच्छा धरेगा, वो सब अब विचरेंगे॥७॥

किंतु इन आँखों से तू, न कुछ पाएगा देख।
पहन के चक्षु दिव्य रत्न, तू जान जगत् के भेद॥८॥

**संजय—**

धृत राजा हे, कृष्ण ने अद्‌भुत, प्रकट की अपनी माया।
दिव्य दृष्टि दे अर्जुन को, निज विराट् रूप दिखाया॥९॥

अनेक मुख और नेत्र हैं जिसमें, अनेक शस्त्र आभूषण।
अलौकिक वस्त्र माला सुसज्जित, अद्‌भुत हैं ये दर्शन॥१०॥

प्रभु ललाट पर तेज अलौकिक, दिव्य गंध व चंदन।
अनंत रूपों के एक रूप हैं, अनुपमेय प्रभु का वर्णन॥११॥

यदि नभ में हजार सूर्य भी, सभी उदित हो जाएँ।
तब भी उस विराट् तेज के, कहीं निकट न पाएँ॥१२॥

अर्जुन ने प्रभु रूप निराला, एक ही अंश में देखा।
पूर्ण ब्रह्म की कोटि योनियों, की जन्म-मरण की रेखा॥१३॥

चकित भए अर्जुन, मायावी, देख स्वरूप विराट्।
हाथ जोड़कर, रोमांचित हो, बोले पांडु सम्राट॥१४॥

**अर्जुन—**

हे भगवान्, है देखा मैंने, ब्रह्म, शिवा को आपमें।
सभी देव और दानव देखे, आपके तेज प्रताप में॥१५॥

विश्वरूप में हाथ, उदर, हैं दिखते शीश अनेक।
किंतु पाया ईश्वर का, न आदि, मध्य, अंत देख॥१६॥

मुकुटधारी, गदाधारी, शंख-चक्र से शोभित।
यह दुर्लभ स्वरूप आपका, नहीं कहीं से सीमित॥१७॥

आप परम ही अक्षर औ', इस जीवन के दाता हैं।
धर्म रक्षक भी आप परम, पुरुषोतम ज्ञाता हैं॥१८॥

बाहु अनंत, तेज सुसज्जित, अंत, मध्य, न आदि।
चंद्र, सूर्य के चक्षु, आप संपूर्ण ब्रह्म समाधि॥१९॥

लोक-परलोक के मध्य विराजे, पूर्ति सभी दिशाओं की।
इस अलौकिक, दिव्य रूप से, भय भए शंकाओं की॥२०॥

आपमें अर्पित देव मुनि, सब नर-नारी ध्यान करें।
कृपा मंगल हो आपकी, ऐसा सब गुणगान करें॥२१॥

पुत्र अदिति, गंधर्वा, वसु, देखें अश्विनी कुमार।
मरुदगण, पित्रगण देखें, विस्मित, चित्त प्रकार॥२२॥

बहु-नेत्र-भुजा आपके, हैं आप उदर विकराल।
रूप देखकर व्याकुल होते, मैं और जगत् विशाल॥२३॥

वर्ण अनेकों, उच्च है काया, नेत्र ज्वलित ललाट।
उर में लाता घोर भय, यह विश्व स्वरूप विराट्॥२४॥

होते मुख भयभीत अदृश्य, देखूँ सृष्टि अपार।
प्रभु प्रसन्न हो, तभी मिले, हृदय को सुख का द्वार॥२५॥

अभी तो दिखता धृत पुत्र, भीष्म, द्रोण का काल।
राजाओं संग कर्ण पधारे, आपके मुख विकराल॥२६॥

कुछ तो आपके दाढ़-दाँत के बीच लहूलुहान।
कुछ के सर सब चूर्ण हुए हैं, भीषण आप विधान॥२७॥

जिस तरह पानी नदियों का, दौड़े सागर ओर।
वैसे ही योद्धा खींचे हैं, आपके मुख की ओर॥२८॥

जैसे अविरल वेग पतंगा, अग्नि रत करे प्रवेश।
वैसे ही सब वीर हो रहे, आपके मुख समावेश॥२९॥

आप मुखों अनेक द्वारा, सृष्टि का यूँ ग्रसन करें।
तेज आपका, उग्र ज्वलित है, जग का सारे तपन करे॥३०॥

आप देव भी, आप उग्र, पालक भी, औ' नाशक भी।
कौन हैं आप, विस्तार बताएँ, जानूँ आपको कौन विधि?॥३१॥

**कृष्ण—**

प्रभु बोले मैं भया काल, संहार करण को आया।
बिन मारे, तेरे शत्रु की, मृत्यु मैं हूँ लाया॥३२॥

अतः युद्ध करो तुम क्योंकि, ये मैंने ही मारे हैं।
बाण तुम्हारे निमित मात्र ही, विधि द्वारा विचारे हैं॥३३॥

द्रोण, भीष्म और कर्ण की आयु, कब की हुई समाप्त।
मृत समझ ले इनको तू, तेरा वार करना पर्याप्त॥३४॥

भय से आतुर अर्जुन ने प्रभु रूप देखा विकराल।
हाथ जोड़कर नमन किया, जय-जय हरि महाकाल॥३५॥

**अर्जुन—**

ऋषिकेश, इस रूप दिव्य से, मुनिवर सज्जन हर्षित।
असुरी किंतु और अधर्मी, भए घोर ही चिंतित॥३६॥

आदि आप इस सृष्टि के, सब देव करते नमन।
ऐसे अनादि-अनंत रूप का, कोई कैसे करे वर्णन॥३७॥

परम अश्रेय भी आप हैं, परम धाम भी आप।
परम योग भी आप हैं, सर्व जगत् में आप॥३८॥

आप ही अग्नि, वायु, यम, चंद्र, आप वरुण हैं।
दक्ष, पिता भी, ब्रह्म स्वरूप, शत-शत आप नमन है॥३९॥

नमन आपको आगे से, पीछे से, सभी दिशाओं से।
नमन आपकी शक्ति को, संसार की सब सीमाओं से॥४०॥

आपकी महिमा से अज्ञात, एक सखा के रूप।
हास-परिहास किया जो मैंने, अथवा हठ स्वरूप॥४१॥

चलते-फिरते, सोते-जागते, समक्ष या फिर एकांत।
क्षमा-याचना करता हूँ मैं, निज सेवक सिद्धांत॥४२॥

आप जगत् के परम पिता हैं, परम गुरु भी आप।
आपसे उत्तम मान किसी का, है न मुझको ज्ञात॥४३॥

क्षमा दान कर मुझको केशव, स्तुति मेरी स्वीकारें।
पिता-पुत्र, मित्र-मित्र को, ज्यों पति-पत्नी को उबारे॥४४॥

रूप नहीं ये पहले देखा, मैं हर्षित भयभीत हूँ।
मूल रूप में पुनः पधारें, जगन्निवास, सुख चित्त रहूँ॥४५॥

मुकुट समेत, शंख-चक्रधारी, गदा छवि है आपकी।
सहस्र बाहु बल हो मानो, इन चार बाहु में आपकी॥४६॥

**कृष्ण—**

प्रभु बोले, इच्छा तेरी पर, मैंने ये रूप दिखाया।
इससे पहले, किसी ने मेरी, देखी ऐसी छाया॥४७॥

वेद, दान, तप, न ही क्रिया से, न ही किसी अनुष्ठान से।
रूप विराट् मिलता है जग में, न ही किसी के ज्ञान से॥४८॥

अर्जुन मेरे उग्र रूप से, भय को कर न धारण।
देख चतुर्भुज रूप को मेरे, शांत कर अपना मन॥४९॥

ऐसा कह प्रभु पुनः अपने, मनु अवतार में आए।
देख जिसे अर्जुन समेत, सभी लोक हरषाए॥५०॥

अर्जुन बोले, धन्य जनार्दन, पूर्व रूप में आए।
सखा प्राप्त कर अपना, मेरा चित्त स्थिर होता जाए॥५१॥

कृष्ण कहें, हे अर्जुन, मैंने रूप विराट् दिखाया।
इसी रूप को देखने, देवों का उर ललचाया॥५२॥

कृष्ण कहें, यह रूप तो मेरा, दुर्लभ माना जाए।
किसी वेद, तप, दान, धर्म से, दर्शन ये मिल पाए॥५३॥

भक्त कोई जो चिर भक्ति से, याद मुझे कर जाए।
वह ही मेरे तत्त्व को दरशे, प्राप्त मुझे कर पाए॥५४॥

मेरा ही जो कर्म करे, आसक्ति तजता जाए।
मेरा ही तो रूप धरे, वह भक्त मुझे ही पाये॥५५॥

# विशिष्ट श्लोक

इस अध्याय के निम्न श्लोक स्मरण और जीवन में अपनाने योग्य हैं—

त्वमक्षरं परमं वेदितव्यं-
त्वमस्य विश्वस्य परं निधानम् ।
त्वमव्ययः शाश्वतधर्मगोप्ता
सनातनस्त्वं पुरुषो मतो मे॥

ईश्वर के विराट् रूप का अर्थ यही है कि ईश्वर अक्षर है, परम तत्त्व है, संपूर्ण जगत् का ज्ञाता है, सभी का उसमें आश्रय है, और ईश्वर ही अटल सत्य, सनातन धर्म का बीज है।

# अध्याय-१२

# भक्तियोग

इस अध्याय में भगवान् अर्जुन को भक्ति का मार्ग प्रशस्त कराते हैं,
ईश्वर प्राप्ति के उपाय और सच्चे भक्त के लक्षणों से अवगत कराते हैं।
प्रभु कहते हैं कि उनको प्राप्त करने के लिए ध्यान का अभ्यास पर्याप्त है, यदि अभ्यास न हो पावे, तो कर्म करो, यदि कर्म भी न कर पाओ, तो कर्म के फल की इच्छा-त्याग मात्र से प्रभु मिल जाते हैं।

**अर्जुन—**

एक पूजता रूप सकारा, दूजा निराकार।
कौन है उत्तम दोनों में, बोधें प्रभु विचार॥१॥

**कृष्ण—**

मुझमें अपना चित्त लगा, पूजें जो रूप साकार।
योगी श्रेष्ठ वही हैं अर्जुन, उनसे मुझको प्यार॥२॥

किंतु जी निराकार लगाएँ, परे इंद्रियाँ रखकर।
मुझको स्वयं प्राप्त करें वे, अचल-ध्रुवी और अक्षर॥३॥

हर स्थिति में संबुद्धि हो, रखे सबका ध्यान।
प्राणी मात्र के चिंतन से, बंधु वे ईश समान॥४॥

अव्यक्त आसक्त निर्गुण में, रुचि तो अपनी लगाए।
देहाभिमानी रहता किंतु, घोर कष्ट वह पाए॥५॥

किंतु मेरा ध्यान धरे, सब कर्मों को अर्पण।
करके मुझमें, मुक्त भया वो, पा जाए वो तर्पण॥६॥

जिनका चित्त हो मुझमे लीन, चाहे रूप साकार।
मृत्यु लोक से शीघ्र उबारूँ, कर उनका उद्धार॥७॥

यदि लगावे मुझमें मन, कर बुद्धि को अर्पण।
तब तू मेरे चित्त विराजे, रहे न कोई बंधन॥८॥

अचल भाव से, यदि मुझको, जो तू न स्वीकारे।
तब तू पाए मात्र मुझे, अभ्यास योग के द्वारे॥९॥

अभ्यास योग भी, हे प्राणी, जो न तू कर पाए।
अर्पण कर के मुझमे कर्म, हरि प्राप्त कर जाए॥१०॥

यदि कर्मों को मुझमें अर्पण, करना है दुश्वार।
कर्म फलों का त्याग मात्र, खोले मोक्ष का द्वार॥११॥

अभ्यास योग से ध्यान उचित है, ध्यान से इच्छा त्याग।
इच्छा तज ही पा जाता है, मनुज हरि अनुराग॥१२॥

न रखे जो बैर द्वेष, जो करुणा भाव सजाए।
सुख-दुःख एक ही पलड़ा तोले, क्षमा जो बाँटे जाए॥१३॥

मन में सुख, तन जिसके वश, दृढ़ निश्चय दिखलाए।
मन जो मुझमें अर्पित करता, भक्त मुझे वो भाए॥१४॥

क्षुब्ध न होवे जीव कोई, न करे और को क्षुब्ध।
मेरा प्रियवर रहे भय, हर्ष, ईर्ष्या, उद्वेग से मुक्त॥१५॥

आस न रखे उर में निज, हताशा या चतुराई।
नित नवेले कर्म न ढूँढ़े, पावन वह हरि नायीं॥१६॥

न हर्षित हो, न शोचित, जो शुभ-अशुभ के पार।
राग-द्वेष से रहित वे सज्जन, पाएँ प्रभु का प्यार॥१७॥

शत्रु-मित्र एक आँख समाए, एक मान-अपमान।
शीत-ग्रीष्म, सुख-दुःख से ऊपर, जिसका होवे विधान॥१८॥

एक ज्ञान हो स्तुति-निंदा, एक चित्त हो ध्यान।
स्थिरप्रज्ञ, अनिकेत ही, मुझको प्रिय प्रमाण॥१९॥

चित्त लगा के मुझमें जो, कर धर्म-अमृत का पान।
मेरे उर में रहते वे, हरिवर निष्ठावान॥२०॥

# विशिष्ट श्लोक

इस अध्याय के निम्न श्लोक स्मरण और जीवन में अपनाने योग्य है—

क्लेशोऽधिकतरस्तेषामव्यक्तासक्तचेतसाम्।
अव्यक्ता हि गतिर्दुखं देहवद्भिरवाप्यते॥

इस श्लोक में ईश्वर की साकार और निराकार भक्ति का अंतर बताया गया है।

ईश्वर की साकार भक्ति करनेवाले देहाभिमानी जीव को अव्यक्त, निराकार भक्ति करने में अधिक कष्ट होता है, जबकि निज कर्मों को ईश्वर में अर्पण करके, प्रतिपल उसका ध्यान करनेवाले जीव को, जो ईश्वर की किसी साकार अभिव्यक्ति पर निर्भर नहीं है, ईश्वर की प्राप्ति सहज हो जाती है।

# अध्याय-१३

# क्षेत्र-क्षेत्रज्ञविभाग योग

इस अध्याय में हरि सृष्टि की रचना, उसके उद्देश्य, परमात्मा, पुरुष, प्रकृति, और जीव के निरूपण का वर्णन करते हैं। वे श्रद्धा से मोक्ष की प्राप्ति एवं ब्रह्म के लक्षण बताते हैं। भगवान् कहते हैं कि यह शरीर एक क्षेत्र के समान है और उस क्षेत्र से बँधा हुआ प्रत्येक जीव क्षेत्रज्ञ के समान है।

**कृष्ण—**

हे कौंतेय, यह अंग तुम्हारा, है क्षेत्र विस्तार।
जो क्षेत्र से बंधित रहवे, क्षेत्रज्ञ कहे संसार॥१॥

सब क्षेत्रों में मैं हूँ, अतः क्षेत्रज्ञ मुझको जान।
मेरे मत में बुद्ध ही समझे, क्षेत्र-क्षेत्रज्ञ का ज्ञान॥२॥

क्षेत्र है जैसा, जिसका क्या उसके हैं विकार।
कैसा हो क्षेत्रज्ञ उसका, सुन तू मेरे विचार॥३॥

ऋषिगण इसकी चर्चा करते, वेदों में विस्तार।
ब्रह्म पदों में युक्ति द्वारा, क्षेत्र-क्षेत्रज्ञ प्रकार॥४॥

दस इंद्रियों, पंच तत्त्व विराजे, एक मन साकार।
यही क्षेत्र बनता है, ले प्रकृति-विकृति आकार॥५॥

सुख-दुःख, इच्छा-द्वेष, धरे जीव शरीर साक्षात्।
तिस क्षेत्र संबंध बनाए, क्षेत्रज्ञ भया विराट्॥६॥

स्वयं मान तज, दंभ रहित, क्षमा, शील विचार।
गुरु सेवा, स्थिर चित्त लावे, आत्म निर्विकार॥७॥

इंद्रियों को हर्षित त्यागे, जी अहं न लागे।
जनम-मरण जरा रोग को, जो सचेत अनुरागे॥८॥

आसक्ति न रखे कोई, सगे-संबंध के नाते।
एक चित्त निर्लिप्त रहे, वह एक-सम को पाते॥९॥

मुझमें भक्ति रखे जो, एकांत हृदय गुण गाते।
जन समुदाय न हर्षित होते, प्रभुजन मात्र लखाते॥१०॥

नित्य निरंतर अध्यात्म में, पावें सभी प्रमाण।
वही ज्ञान-अज्ञान है कहता वेद-पुराण॥११॥

जीवन का जो ध्येय मात्र है, करता उसका वर्णन।
सत-असत से परे रहे जो, अमर होवे वह गण-गण॥१२॥

ईश्वर के हैं कान सभी, नेत्र, मुख , पाँव और हाथ।
वे सबमें स्थित, सब उनमें, ईश्वर सबके साथ॥१३॥

नहीं कोई आकार परंतु, हर इंद्री का अहसास।
निर्गुण रहकर, प्रभु करते हैं, पूरे जगत् का वास॥१४॥

प्रभु हैं जग के भीतर बाहर, तेरे दूर औ' पास।
कण-कण में हैं वही समाए, न चाहे हो आभास॥१५॥

स्वयं का न आकार भले, ले सबमें वे आकार।
पोषण सबका करते वो, औ' सबका संहार॥१६॥

सभी ज्योतियों के भी ज्योति, अंध तमस से दूर।
ज्ञान स्वरूपी, भगवन करते, अज्ञानता को चूर्ण॥१७॥

क्षेत्र-ज्ञान का अर्जुन है, संक्षेप में सारा सार।
ज्ञान योग जो भक्त है पावे, कर ले नैया पार॥१८॥

भये अनादि, पुरुष, प्रकृति, दोनों जीव विचार।
प्रकृति ही उत्पन्न करे, सर्व गुण और विकार॥१९॥

कार्य कर्म में फले क्रियाएँ, प्रकृति बनती कारण।
सुख-दुःख भोगे पुरुष प्रभावे, यही ज्ञान निवारण॥२०॥

प्रकृति स्थित जो पुरुष विराजे, भोगे उसके गुण।
गुण अनुरूप ही जन्म वो पावे, रंग-भेद के कारण॥२१॥

इस शरीर को भोगे, बरते, बनकर उसका मालिक।
देह सहे, निर्देह रहे, भूत रहित वह भौतिक॥२२॥

गुण, पुरुष, प्रकृति भेद को, ज्ञानी जो अपनावे।
मृत्युलोक को भोग के, पुनर्जन्म न पावे॥२३॥

ध्यान-योग अपनावे कोई, सांख्य-योग अपनावे।
कर्म-योग के द्वारा गण-गण, हरि पाद को पावे॥२४॥

और कोई जो विविध उपायों, सत्य नहीं जान पाते।
सज्जन पुरुष की कही-सुनी भी, मृत्यु लोक तर जाते॥२५॥

चर-अचर, स्थावर-जंगम, देखो भी तुम जिनको।
क्षेत्र-क्षेत्रज्ञ संयोग से जन्मे, तुम उन सब को समझो॥२६॥

हर प्राणी के मूल रूप में, जो ईश्वर को जाने।
नष्ट-अनष्ट का ज्ञान धरे, वो ही ज्ञानी कहलावे॥२७॥

एक सम जो हरि को ध्यावे, हरि रूप धर जावे।
जनम-मरण से दूर रहे वे, परम गति को पावे॥२८॥

सभी क्रिया का कारण जो, प्रकृति को ही माने।
स्वयं निमित्त ही ज्ञाते जो, सत्य वही पहचाने॥२९॥

जिस पल साधक, एक हरि देखे, नाना प्राणी बाँधे।
तिस पल पाए ब्रह्म रूप वो, हरि भक्ति को साधे॥३०॥

पुरुष अनादि, निर्गुण होता, कौंतेय, ईश का रूप।
देह सहित भी देह रहित, निर्लिप्त जिसका स्वरूप॥३१॥

जिस तरह है सूक्ष्म गगन, पर, लिप्त नहीं हो जावे।
तदा आत्मा, देह विराजे, देह में ना बँध पावे॥३२॥

जैसे नभ में सूर्य अकेला, पूर्ण ज्योति है देता।
तैसे ही क्षेत्रज्ञ समूचे, क्षेत्र को जीवन देता॥३३॥

जो भी क्षेत्र-क्षेत्रज्ञ भेद को, मूल रूप है जाने।
कर्म-कारण प्रकृति को, भली भाँति पहचाने॥३४॥

# विशिष्ट श्लोक

इस अध्याय के निम्न श्लोक स्मरण और जीवन में अपनाने योग्य हैं—

इदं शरीरं कौंतेय क्षेत्रमित्यभिधीयते।
एतद्यो वेत्ति तं प्राहुः क्षेत्रज्ञ इति तद्विदः॥

पाँच महाभूतों, ज्ञानेंद्रियों, कर्मेंद्रियों, विषायेंद्रियों और मन-बुद्धि-अहंकार से सुसज्जित शरीर को क्षेत्र कहा जाता है, जो इस क्षेत्र को जानता है—उसके भीतर के पुरुष, जो उसके गुण-अवगुण को भोगता है—वह अटल अवस्था क्षेत्रज्ञ है।

विभिन्न शरीरों में रहकर भी, वह चेतना अभिन्न है और सर्वव्यापी है।

कार्यकरणकर्तृत्वे हेतुः प्रकृतिरुच्यते।
पुरुषः सुखदुखानां भोक्तृत्वे हेतुरुच्यते॥

कार्य और कारण के द्वारा उत्पन्न क्रियाओं का मूल प्रकृति में होता है—जो सतगुण, रजोगुण और तमोगुण से प्रभावित होती है—यह हमारे क्षेत्र का निर्माण करती है।

किंतु सुख और दुःख के भोक्तापन का मूल पुरुष होता है, जो गुणों का साथ बाँधता है अथवा गुणातीत रहता है।

# अध्याय-१४

# गुणत्रय विभाग योग

इस अध्याय में कृष्ण प्रकृति के तीन मूल मानकों सात्विक, राजसिक व तामसिक गुणों से अर्जुन का परिचय कराते हैं। हरि का कहना है कि सात्विक गुण जीव को ईश्वर की ओर ले जाता है, राजसी गुण जीव को संसार से बाँधे रखता है और पुनः संसार में व्याप्त करता है, जबकि तामसिक गुण जीव को पतन की ओर धकेलता है।

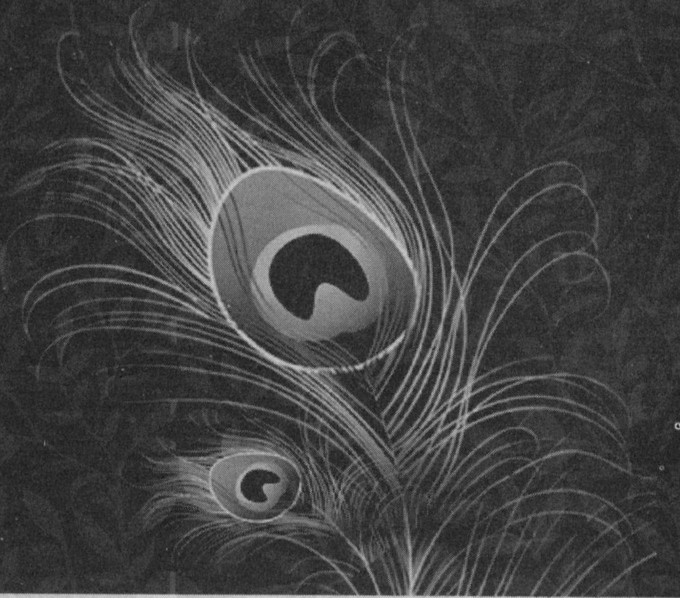

**कृष्ण—**

हे अर्जुन मैं फिर से बाँचूँ, ज्ञान में उत्तम ज्ञान।
जिसे जान साधूजन पाएँ, परम हरि का धाम॥१॥

जीव मुझ अपनाएँ जो, धर के ऐसा ज्ञान।
जन्म-मरण से रहते हैं, तिस प्राणी अनजान॥२॥

जन्म स्त्रोत मैं प्रकृति का, जीवन करूँ स्थापन।
सभी प्राणी हैं मुझसे जन्मे, मैं ही सबका मरण॥३॥

मूल सभी मैं योनि का, मुझसे उनकी मूरत है।
उनमे ही कौंतेय मेरा, बीज-मूल स्थापित है॥४॥

सत्व, रजस-गुण औ' तामस, 'कृति के ही विकार'।
निर्देही शरीरी को, देते मिल कर आकार॥५॥

सत्व प्रकाशक, निर्मल द्वारा अज्ञानता दे फाँद।
सुख-ज्ञान आसक्ति से, काया में दे बाँध॥६॥

रजो गुण है रागस्वरूपी, कर्म की देता इच्छा।
पैदा करता, हे कौंतेय, कर्म और फल की तृष्णा॥७॥

तम गुण होता अति लुभावन, जिसका मूल अज्ञान।
आलस्य, भोग विलास में, किंतु बाँधे सबका ध्यान॥८॥

सत्व तो जीते ज्ञान के द्वारा, रजो कर्म के नाम।
गुण तमस है सीमित रखता, देता मात्र अज्ञान॥९॥

सत्व बढ़े, रज तम घटे, सत्व-तम से रज उभरे।
वैसे ही सत्व औ' रज मसल के, गुण तामस का विचरे॥१०॥

ज्यों काया के सब द्वारों में, जागे वेग प्रकाश।
तो जानो सत्वगुण है बढ़ता, अनादि-अनंत आकाश॥११॥

किंतु मन जो लोभ विराजे, रजो गुण बढ़ता जाए।
नए कर्मों की वृद्धि नित, अशांत तृष्णा घर लाए॥१२॥

और तमोगुण जब हो बढ़ता, उसका फिर क्या कहना।
अज्ञान, मोह, आलस्य है घेरे, बन जीवन रत्न का गहना॥१३॥

जी में सत् के फलते-फूलते, जाते हैं जो प्राण।
वे मनुज कर जाते हैं, हरि लोक प्रस्थान॥१४॥

रजो गुण आरोहित हो तो, मनुष्य जन्म फिर पाए।
तमो गुण आसक्ति किंतु, योनि मूढ़ दिलाए॥१५॥

सात्विक देता करम से मुक्ति, करम से राजस बाँधे।
तामस जन्मे भोग लोभ, अज्ञान की सीमा फाँदे॥१६॥

सत्व से केवल ज्ञान ही मिलता, रजो से मिलता लोभ।
किंतु तम से उत्पन्न होवे, आलस्य, प्रमाद और मोह॥१७॥

सत्व गुणी उच्च लोक पठाए, रज मृत्युलोक पधारें।
योनि निम्न-नरक को भोगें, तम गुण को जो स्वीकारें॥१८॥

ज्ञानी है जो मात्र गुणो को, पिता कर्म को जाने।
प्रभु स्वरूप पा जाएँ जो, निज गुण को पहचाने॥१९॥

देह को बाँधे, त्रिगुणों का, जो सफल दमन हैं करते।
जन्म, मृत्यु, व जरा दुःखों से, निज को मुक्त वे करते॥२०॥

पार्थ ने पूछा, तीनों गुण ये, करते जिनका भक्षण।
क्या चरित उस मानव का, क्या हैं उनके लक्षण॥२१॥

प्रभु बोले, गुणातीत भया वो, त्रिगुण में संतुलित।
प्रवृत्त हो तो, द्वेष रखे न, न इच्छा कोई निवृत्त॥२२॥

गुण से न विचलित हो कोई, उदासीन-सा स्थित।
गुण में जो बस गुण ही देखे, पुरुष वही है सिद्ध॥२३॥

सुख-दुःख में एक सम रहे जो, मिट्टी सोने समान।
प्रिय-अप्रिय का भेद न जाने, निंदा या सम्मान॥२४॥

मान-अपमान जिसे न भेदे, मित्र शत्रु न जाने।
गुणातीत मनुष्य के जैसे, सब उनको पहचाने॥२५॥

निर्मल भक्तियोग के द्वारा, करें ग्रहण जो मुझको।
ब्रह्मलोक हैं पाते वही, त्रिगुण हरण हो जिनको॥२६॥

ब्रह्म अविनाशी अमृत का, मैं ही तो अभिप्राय हूँ।
धर्म शाश्वत अलौकिक सुख का, एकमात्र अध्याय हूँ॥२७॥

# विशिष्ट श्लोक

इस अध्याय के निम्न श्लोक स्मरण और जीवन में अपनाने योग्य हैं—

सत्त्वं रजस्तम इति गुणाः प्रकृतिसम्भवाः।
निबध्नन्ति महाबाहो देहे देहिनमव्ययम्॥

जीव के जन्म लेते ही, प्रकृति से बंधित सत्व, राजस और तमो गुण उसके आत्म को गुणों के अनुरूप काया में बाँध देते हैं। जैसा सत-राजस-तमस का मिश्रण व संतुलन, वैसे ही जीव की काया व प्रकृति। (९)

सत्त्वं सुखे सञ्जयति रजः कर्मणि भारत।
ज्ञानमावृत्य तु तमः प्रमादे सञ्जयत्युत॥

सत गुण जीव को ज्ञान द्वारा प्रेरित करता है और जीव ज्ञान-अध्यात्म की खोज से संतुष्ट होता है। रजोगुण जीव को कर्म से प्रेरित करता है तथा जीव अधिक कर्म करके व उसके फल पाकर संतुष्ट होता है।

तमोगुण जीव को भोग, आलस्य में बाँध देता है और जीव अपने कर्म त्याग के संतुष्ट होता है।

# अध्याय-१५

# पुरुषोत्तम योग

इस अध्याय में हरि परब्रह्म पुरुषोत्तम का ज्ञान देते हैं,
क्षर-अक्षर-अक्षरातीत का वर्णन करते हैं और मायारूपी संसार वृक्ष की व्याख्या करते हैं।
प्रभु के अनुसार मायारूपी यह वृक्ष केवल
आसक्तिहीन होकर ही काटा जा सकता है।

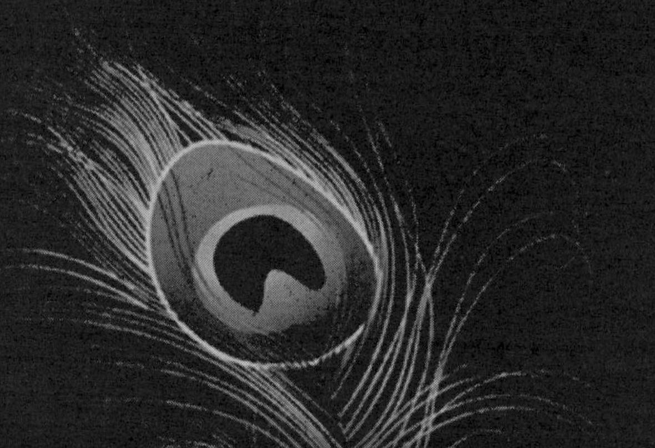

**कृष्ण—**

अद्भुत वट संसार, मूल ऊँचा-नीची शाखा।
पत्ते जिसके वेद भए, अव्यय जीव है साझा॥१॥

गुण से फैलें शाखाएँ, कुछ नीची कुछ ऊपर।
कर्म अनुरूप हैं बाँधे जीवन, भोग रहे सभी चर॥२॥

वृक्ष जगत् का रूप दिखे जो, वैसा न मन भाए।
अंत, न आदि, असंग के द्वारा, वृक्ष ये काटा जाए॥३॥

फिर खोजें उस परम पिता को, जो प्राप्त मनु कर जाए।
न लौटे इस लोक में कभी, परलोक भी सुधर जाए॥४॥

मान-मोह, आसक्ति दोष, को तजकर हरि मन लावें।
सुख-दुःख ऊपर, परम भक्त ही, प्रभु वरन को जावें॥५॥

उस ईश को क्या दे ज्योति, अगन या सूरज, चाँद।
जिसमें लीन हो जाने से, मुक्त होवे इनसान॥६॥

सब जीवों के हृदय में स्थित, अंश भया है मेरा।
प्रकृति बीच विराजे मन, इच्छा डाले डेरा॥७॥

जैसे वायु-गंध किसी को, ग्रहण करे, तज जाए।
वैसे ही यह जीव, जीवन के गुण-अवगुण ले जाए॥८॥

जीव है निर्गुण, किंतु मन के संग में जब रँग जाए।
सुनते, देखते, सूँघते, छूते, चखते जीता जाए॥९॥

एक शरीर रहे, या बदले, भोगे सुख और विलास।
जीव वही है, समझे ज्ञानी, बाकी मूढ़ विश्वास॥१०॥

यत्न करें जो वो पहचाने, जीव स्वरूप का ज्ञान।
किंतु मन हो जिनका दूषित, केवल अंध समान॥११॥

सूर्य में जो तेज है दिखता, या चंद्र, अग्नि समान।
मेरा ही तो अंश है इनमें, कर ले तू पहचान॥१२॥

मैं ही धरता हूँ सब प्राणी, जीव धरा के ऊपर।
मैं ही औषधि ऊर्जित करता, चंद्र मे ज्योति बनकर॥१३॥

मैं धरा में शक्ति बनकर, पहले अन्न उपजाऊँ।
मैं ही देह में अग्नि बनकर, फिर वही अन्न पचाऊँ॥१४॥

मैं सबके हूँ मन में स्थित, ज्ञान, मोह भंडार।
मैं ही वेद का ज्ञाता, ज्ञानी, ज्ञानेय, दोष संहार॥१५॥

क्षर-अक्षर के बीच है पलता, यह सारा संसार।
जीव क्षरत है, किंतु आत्म-अक्षर अपरंपार॥१६॥

क्षर-अक्षर से परे विराजे, परम हरि का ज्ञान।
तीनों लोक के पोषण करते, स्वयं देव भगवान्॥१७॥

हूँ अतीत मैं क्षर से भी, और उत्तम अक्षर धाम से।
जगत् मुझे प्रिय लोक पुकारें, पुरुषोत्तम के नाम से॥१८॥

मुझ पुरुषोत्तम को जो माने, तजकर मोह और मान।
भक्त वही है सच्चा मेरा, करता मेरा गुणगान॥१९॥

हे अर्जुन, हैं मैंने बोला, अत्यंत गुप्त यह ज्ञान।
ज्ञान योगी, कर्मयोगी भए, जो ले इसको जान॥२०॥

# विशिष्ट श्लोक

इस अध्याय के निम्न श्लोक स्मरण और जीवन में अपनाने योग्य है—

शरीरं यदवाप्नोति यच्चाप्युत्क्रामतीश्वरः।
गृहीत्वैतानि संयाति वायुर्गन्धानिवाशयात्॥

जिस प्रकार वायु संपूर्ण जगत् में व्याप्त रहकर भी, सुगंध को एक स्थान से दूसरे स्थान पर ले जाती है, एक जगह ग्रहण करके दूसरी जगह त्याग देती है, वैसे ही जीव भी एक शरीर से गुण और कारण ग्रहण करके दूसरे शरीर में स्थापित कर देता है।

# अध्याय-१६

# दैवासुरसंपद्विभाग योग

इस अध्याय में परमेश्वर दैवीय संपदा अर्थात् आध्यात्मिक संपदा और आसुरी संपदा, अर्थात् भौतिकी संपदा की विवेचना करते हैं।

दैवीय संपदा मनुष्य को पदार्थों से नहीं, वरन् अध्यात्म से जोड़ती है। जबकि आसुरी संपदा मनुष्य को सांसारिक सुखों मे लिप्त रखकर उसे प्रभु से दूर रखती है।

**कृष्ण—**

दैवीय संपदा प्राप्त करे जो, मनुष्य है उसके लक्षण।
भय को तज, शुद्ध हृदय करे, करे दान, इंद्री-भक्षण॥१॥

ओढ़े सत्य, अहिंसा त्यागे, क्रोध, द्वेष और राग।
दयावान, कोमल अंतर वे, अचपल हृदय विभाग॥२॥

तेज, क्षमा, व धैर्य धरे वे, परे मान-अपमान।
बैर भाव से दूर पठाए, पास रहे भगवान्॥३॥

क्रोध कठोर, अविवेक भए, दंभ भरे, अभिमानी।
आसुरी संपदा ग्रस्त भए की, केवल यही निशानी॥४॥

दैवीय संपदा मुक्ति दे, आसुरी दे जग बंधन।
तुम संपदा दैवीय बरतो, पार्थ करो न चिंतन॥५॥

दैवीय और आसुरी, जग में दो प्रकार के प्राणी।
दैवीय जान चुके अब सुन लो, आसुरी पक्ष निशानी॥६॥

आसुरी छाया जाने क्या, प्रवृत्ति, निवृत्ति भेद।
शुद्ध-अशुद्ध का ज्ञान न होवे, न ही आचरण श्रेष्ठ॥७॥

व समझें संयोग कामवश, बिन ईश्वर की इच्छा से।
फलता-फूलता ये संसार, अकारण वंचित निष्ठा से॥८॥

जो यह सोचे, तुच्छ बुद्धि से, हर लें अपना मान।
शत्रु हैं वे जग के, करते अपना दुष्परिणाम॥९॥

धरते ऐसी कामनाएँ, कभी न हों जो पूर्ण।
दुराग्रह आसीन भए वे, दंभी-अभिमानी चूर्ण॥१०॥

भोगें माद-प्रमाद वे चिंता, वरते जीवन बाद की।
करे भरम, जो है, इधर है, और बस इतना ही॥११॥

काम-क्रोध है बाँधे उनको, इंद्री बंधन जकड़ें।
येन-केन-प्रकारेण, विलास के साधन को वे पकड़ें॥१२॥

अभी प्राप्त हैं, कितने साधन, जोड़ें कितने और।
आज बना धन मेरा कितना, कल कितना चहुँ ओर॥१३॥

शत्रु कितने हैं अब तक मारे, कल कितने मारेंगे।
कितने बलवानी बलशाली, उसका दंभ भरेंगे॥ १४॥

पास हमारे नौकर-चाकर, और प्रसाधन सारे।
दान-धरम कर भोगें सुख सब, इसी मोह के मारे॥१५॥

नित-नित नव-नव इच्छा बंधित, मोहजाल में डूबे।
भोग-अभोग आसक्ति किंतु देती कष्ट अजूबे॥१६॥

निज को समझे ऊँचा, वे, धन मान नशे में दूर।
और धनी बनने को रहते, पूजा-पाठ में चूर॥१७॥

अहंकार-हठ-क्रोध हैं रखते, देखें सब में दोष।
जीव-जीव स्थित ब्रह्म भी, देता उनको रोष॥१८॥

ऐसे दूषित, कामी नर, अंध क्रूर और क्रोधी।
पाते मुझसे निम्न ही योनि, और पाते दुर्गति॥१९॥

मृत्युलोक को लौटे वे, एक नहीं कई बार।
उनको मिलता, कौंतेय केवल, अंध गति का द्वार॥२०॥

काम-क्रोध और लोभ हैं अर्जुन, तीन नरक के द्वार।
कारण बने पतन का केवल, त्यागे इन्हें संसार॥२१॥

सत्य साधना वरे, दे लोभ-काम-क्रोध को त्याग।
कौंतेय, ऐसे भक्त को मिलता, हरिप्रेम अनुराग॥२२॥

शास्त्र विधि अवमाने जो, निज दंभ ही जो अपनाए।
अंत:करण की शुद्धि न, न ही सुख-शांति वे पाए॥२३॥

हे अर्जुन, तू शास्त्र को दर्षे, ज्ञान कर्म अपनाए।
शास्त्र विधि से अपने जीवन मार्ग पे चलता जाए॥२४॥

# विशिष्ट श्लोक

इस अध्याय के निम्न श्लोक स्मरण और जीवन में अपनाने योग्य है—

तेजः क्षमा धृतिः शौचमद्रोहो नातिमानिता।
भवन्ति सम्पदं दैवीमभिजातस्य भारत॥

दैवीय संपदा से सुसज्जित जीव की पहचान उसके तेज, क्षमा, धैर्य, शुद्धि, बैर के अभाव और मान-अपमान की भावना के परे रहने से होती है, जबकि आसुरी संपदा से ग्रस्त जीव के लक्षण उसका अहंकार, क्रोध, अज्ञानता और कठोर स्वभाव होते हैं।

# अध्याय-१७

# श्रद्धात्रयविभाग योग

इस अध्याय में कृष्ण तीन प्रकार के श्रद्धा, यज्ञ, तप और दान का वर्णन करते हैं। सात्विक गुण निष्फल भाव से कर्मों को प्रेरित करते हैं। राजसी गुण, फलेच्छा एवं ऐश्वर्य की कामना से कर्मों को प्रेरित करते हैं। तामसिक गुण भोग, हिंसा और लोभ की भावना से कर्मों को प्रेरित करते हैं।

**अर्जुन—**

कृष्ण, त्याग के, हरि विधि, जो शास्त्रों को नकारे।
भक्ति उसे क्या सात्विक, राजसी, तामसिक कहके पुकारे॥१॥

**कृष्ण—**

मृत्युलोक में बसे जनों की श्रद्धा तीन प्रकार।
सात्विक, राजसी, तामसी सुन अर्जुन वीर अपार॥२॥

मनुष्य की श्रद्धा होती उसके रूप का आकार।
श्रद्धामय जो सज्जन है, है निष्ठा उसकी अपार॥३॥

सात्विक पूजे सुर, तो पूजे, असुर को माया राजसी।
भूत-प्रेत को भोग लगाए, निष्ठा जिनकी तामसी॥४॥

शास्त्र विधि को त्याग के, जो तप करते घनघोर।
दंभ, लोभ, आसक्ति है घेरे, उनको चारों ओर॥५॥

पंच भूती काया का, उसमें बैठे भगवान् का।
हनन करे वो अज्ञानी, आसुरी निष्ठावान का॥६॥

तीन तरह का भोजन होता, तीन यज्ञ तप दान।
तीन गुणों का शस्त्र में, वर्णन तू ले जान॥७॥

सात्विक का आहार है होता, घी रस से परिपूर्ण।
आयु, बल, बुद्धि, धन देता, रोग को करता चूर्ण॥८॥

राजसी खाता खट्टा-कड़वा, गरम, जलन और तीखा।
उसका जीवन कष्ट में बीते, दुःख और शोक सरीखा॥९॥

जो भोजन हो बासी, गंधित, अशुद्ध या फिर हो जूठा।
ऐसा केवल तामसी खाएँ, भाग्य है उनसे रूठा॥१०॥

वे जो यज्ञ करते हैं विधिवत्, फल की इच्छा त्याग।
गण्य वही जो होते सात्विक, पाएँ हरि अनुराग॥११॥

किंतु यज्ञ जो करते हैं, मन में रख के कारण।
उनकी प्रकृति को छलावा, राजसी समझो राजन॥१२॥

और अगर यगन में न हो, श्रद्धा, दक्षिणा या ज्ञान।
ऐसे यज्ञ के कर्ता को, तामसी तुम लो जान॥१३॥

देव, ब्राह्मण, गुरुजन करते, शुद्ध जो जीवनयापन।
काया का वो तप हैं करते, जान लो इसको राजन॥१४॥

मीठी मधुर, निर्वेग, संतुलित होती जिसकी भाषा।
वाणी संबंधित तप कहलाती, होती न कभी हताशा॥१५॥

जिसका चित्त हो निश्चल, निर्मल, मननशील हो भाव।
मन संबंधित तप वो जानो, परम हरि का स्वभाव॥१६॥

शरीर, वाणी और मन का तप, जो श्रद्धापूर्वक करते।
उस सज्जन पुरुष को जग में सात्विक सब हैं कहते॥१७॥

जो तप मान अभिमान के हेतु, करे दिखावा भाव।
नाशवान फल हर्ता समझो, राजस उसका लगाव॥१८॥

जिस तप में होती हो हानि, दे कष्ट किसी दूजे को।
तामस तप वह कहलाता, और तामसी पूजे जो॥१९॥

दान धरम का काम है, इच्छा हो निष्काम।
ऐसे भाग का विश्व में सात्विक दान है नाम॥२०॥

दान अगर हो इच्छा हेतु, या फिर क्लेश का कारण।
दान व्यर्थ वह राजसी, उसको समझो राजन॥२१॥

दान जो देता, हठधर्मी से, बिना मान, सत्कार।
तामस दान कहलाता वह, दानी पर चढ़ता भार॥२२॥

ॐ तत सत नाम के द्वारा, जाने गए भगवान्।
वेद यज्ञ, ब्राह्मण की रचना करें सृष्टि आह्वान॥२३॥

हरि ॐ से प्रारंभ होती, यज्ञ-तप-दान क्रियाएँ।
ॐ हरि का रूप है धारण, हरि की भंगिमाएँ॥२४॥

तत अर्पित करता कर्मों को, निमित्त जानकर प्राणी में।
मिले मुक्ति हरि पाद मिले, यज्ञ-तप-दान निष्कामी में॥२५॥

सत निश्चल, निर्मल है अजर, श्रेष्ठ भाव ईश्वर का।
जिस भी कर्म से यह जुड़ जाए, बने द्वार मन हरि का॥२६॥

सत है यज्ञ-तप-दान का रूप, कर्म का है आधार।
ईश ध्यान में रखकर ही, पार होवे संसार॥२७॥

श्रद्धा मुक्त हो यज्ञ रहे या, मान हीन हो दान।
असत है उसका भाव निरंतर, मिल जाए परिणाम॥२८॥

# विशिष्ट श्लोक

इस अध्याय के निम्न श्लोक स्मरण और जीवन में अपनाने योग्य हैं—

त्रिविधा भवति श्रद्धा देहिनां सा स्वभावजा।
सात्त्विकी राजसी चैव तामसी चेति तां शृणु॥

मनुष्य की प्रत्येक कर्म में भावना, श्रद्धा एवं कारण तीन प्रकार के होते हैं—
सात्विक, राजसिक और तामसिक।

आहारस्त्वपि सर्वस्य त्रिविधो भवति प्रियः।
यज्ञस्तपस्तथा दानं तेषां भेदमिमं शृणु॥

उसी श्रद्धा के फलस्वरूप मनुष्य का आहार, यज्ञ, ताप, दान क्रियाएँ भी हो जाती हैं।

ॐ तत्सदिति निर्देशो ब्रह्मणस्त्रिविधः स्मृतः।
ब्राह्मणास्तेन वेदाश्च यज्ञाश्च विहिताः पुरा॥

संपूर्ण सृष्टि और ब्रह्म ओम-तत-सत के निर्देश द्वारा संचालित है। सभी वेद, ज्ञान, पुराण, यज्ञ और धर्म की नींव ओम-तत-सत में समाई है।

# अध्याय-१८

# मोक्षसंन्यासयोग

गीता के इस अंतिम अध्याय में श्रीकृष्ण मोक्ष और त्याग का
निरूपण करते हुए कर्म के पाँच प्रेरक अधिष्ठान, कारण, कर्ता, चेष्टा व संस्कार एवं तीन प्रकार
के ज्ञान, कर्म, कर्ता, बुद्धि, संकल्प और सुखों का बखान करते हैं।
अंततः वे परमेश्वर की आराधना और गीता की दिव्यता का उल्लेख करते हैं।

**अर्जुन—**

हे ऋषिकेश, केशिसूदन, ये बतलाएँ आप।
त्याग और संन्यास का, कैसे रहे मिलाप॥१॥

**कृष्ण—**

कोई ज्ञानी कहते हैं, कर्मों का तज संन्यास।
और कुछ कहते हैं, कर्म में, न हो फल आभास॥२॥

कुछ कहते हैं छोड़ कर्म दो, जैसे छोड़ो दोष।
कुछ न त्यागे दान कभी, या तप यज्ञ रूपी कोष॥३॥

त्याग और संन्यास में, त्याग के गुण बतलाता हूँ।
तीन तरह के त्याग की तुझको, मैं गाथा सुनाता हूँ॥४॥

यज्ञ, दान और तप कर्मों को, तज न होए निर्वाण।
ये तीनों हैं पावन निर्मल, कहें सभी विद्वान्॥५॥

यज्ञ, दान और तप को पार्थ, करे जो इच्छा त्याग।
वही मनुज है सच्चा हीरा, पाए हरि अनुराग॥६॥

कर्म तू जिसका उत्तरदायी, तजना उसका पाप।
मोह जो भूले मूल कर्म को, दे अंध कीर्ति छाप॥७॥

कर्म क्रिया औ'श्रम को जो भी, कष्ट समझता जाए।
ऐसे त्यागे कर्म का अर्जुन, कभी न फल वो पाए॥८॥

कर्म करे जो, कर्म के हेतु, फल की इच्छा त्याग।
वही सात्विक कर्मी है अर्जुन, वही सत्य का भाग॥९॥

कुशल कर्म से राग रखे न, अकुशल कर्म से द्वेष।
ज्ञान सहित, संदेह रहित, ऐसा कर्म संदेश॥१०॥

सब कर्मों का त्याग करे जो, न कोई है देहधारी।
कर्म के फल का त्याग परंतु, हरि प्रेम अधिकारी॥११॥

कर्म का फल न तजे यदि, शुभ भी अशुभ हो जाए।
त्याग करे जो, क्या भय उसको, मोक्ष में जीता जाए॥१२॥

सिद्ध जो जिससे कर्म सभी, पाँच हैं वो सिद्धांत।
सुन मुझसे, हे अर्जुन, कैसे कर्म पाएँ सुखांत॥१३॥

माँगे कर्म अधिष्ठान, कारण, कर्ता आकार।
नाना प्रकार की चेष्टा, और दैवीय संस्कार॥१४॥

शरीर, मन वाणी के द्वारा, कर्म दुष्कर्म अपनाए।
नर-नारी इन पंच साधनों के बंधन बँध जाए॥१५॥

कर्म विधि के होने पर भी, जो स्वयं को कर्ता माने।
अज्ञानी वह, बुद्धि भ्रष्ट है, सत्य को न पहचाने॥१६॥

बुद्धि लिप्त न जिसकी, न अहं का रखे साथ।
सभी प्राणियों हत कर भी, न पापी न अपराध॥१७॥

ज्ञान, ज्ञेय, ज्ञाता से होती, कर्म की पूरी प्रेरणा।
कारण, कर्म व कर्ता, कर्म की सतचेतना॥१८॥

तीन तरह के ज्ञान भए, कर्म व कर्ता तीन।
कर्म दुकर्म की गाथा इसी, गुण गंगा के अधीन॥१९॥

जिस ज्ञान के द्वारा, जगत् में, ईश दिखे अपार।
सात्विक, बुद्धिशील है, वह ज्ञान मोक्ष का द्वार॥२०॥

किंतु ज्ञान जो प्राणी में, भेद भाव दिखलाए।
राजस समझो ऐसे ज्ञान को, ओर मोह ले जाए॥२१॥

और यदि निज काया मैं, ज्ञान ध्यान रमाए।
तामस है वह ज्ञान, पतन की ओर शीघ्र ले जाए॥२२॥

इसी तरह, वह कर्म है सात्विक, शास्त्र नीति अपनाए।
राग-द्वेष फल अहं से वंचित, आगे मनुष्य बढ़ाए॥२३॥

यदि कर्म में हो फल की इच्छा, संग अहं दरशाए।
राजस है वो, नश्वर है, कर्म गति ना पाए॥२४॥

जिस कर्म में मोह बसे, न ध्यावे जो परिणाम।
हिंसा हानि तामस होते, ऐसे कर्म के नाम॥२५॥

कर्ता सात्विक की मुझसे, सुन लो अब पहचान।
राग रहित, धृतिशील रहे, सिद्धि-असिद्धि समान॥२६॥

कर्म फलों की इच्छा राखे, शोक-हर्ष जो बरते।
हिंसा का वे मूल भए, राजस उनको कहते॥२७॥

तामस है कर्ता वो जिसकी, बुद्धि हो अज्ञान।
अहं, आलसी, हठी, विषादी, गुण उसकी पहचान॥२८॥

हे धनंजय तुझसे कहता, बुद्धि, धैर्य के गुण।
तीन तरह के भेद बताऊँ, बात मेरी जो सुन॥२९॥

बुद्धि जो प्रवृत्ति और अप्रवृत्ति समझाए।
भय-अभय को भेदे, पार्थ, सात्विक वह कहलाए॥३०॥

धर्म अधर्म का भेद ना जाने, कर्म-अकर्म झुठलाए।
पार्थ, राजसी वह बुद्धि, राज द्वेष फैलाए॥३१॥

और अधम को धर्म है जाने, उलटी ओर ले जाए।
पार्थ ऐसी बुद्धि तो, तामसिक ही कहलाए॥३२॥

सात्विक होता धैर्य वही जो, ग्रहण सहज कर जाए।
इंद्रिय वश में रखे पार्थ, और सभी क्रियाएँ॥३३॥

धैर्य यदि हो, फल के कारण, काम भोग धन हेतु।
आसक्ति ही पार्थ, वह देता, राजस जान उसको तू॥३४॥

शोक, विषाद औ' भय उर लाए, तामस-सी पहचान।
धैर्य नहीं, वह संचित करता, दुष्ट बुद्धि अभिमान॥३५॥

तीन प्रकार के सुख हैं होते, सुन अर्जुन अज्ञान।
चिर-अभ्यास वे दुःख हैं हरते, हरिपद देते प्रदान॥३६॥

विष के जैसे पूर्व जलाते, फल अमृत के समान।
हरि प्रेम उर मूल समाते, सात्विक कहे विद्वान्॥३७॥

इंद्रियों आसक्ति योग युक्त, अमृत-सी पहचान।
राजस हैं वे सुख जो बरते, अंततः विष के समान॥३८॥

आदि और अंत तक भावे, निद्रा अहं आलस्य बढ़ावे।
सुखरूपी दुःख घर लावे, तामसी सुख वह कहलावे॥३९॥

तीन लोक में, कोई न वस्तु, न पृथ्वी न आकाश।
इन तीन गुणों से मुक्त रही है, सबमें इनका वास॥४०॥

ब्राह्मण, क्षत्रिय, शूद्र, वैश्य के, भाँति-भाँति स्वभाव।
अतःभावों से जन्मे परमतम, तीनों गुणों के लगाव॥४१॥

ब्राह्मण इंद्री वश में कर, क्षमा जो उर में लावे।
ज्ञान की गंगा रोज नहावे, ब्रह्म में ध्यान लगावे॥४२॥

शौर्य, तेज, बल, युद्ध चपलता, क्षत्रि की पहचान।
राज दक्ष, जन प्रेम निभाते, और देते वे दान॥४३॥

वैश्य धरम है अन्न उगाना, गो-रक्षा धन संचार।
और शूद्र सेवा जो भर्ता, पा जाए जग उपकार॥४४॥

मनु जो अपना कर्म स्वीकारे, प्राप्त करे वो सिद्धि।
मार्ग कर्म से सिद्धि तक का, गति में उसके वृद्धि॥४५॥

ईश रूप से हुआ जगत् का, जन्म, हुआ फिर व्याप्त।
कर्म के द्वारा, सिद्धि पूजन, ईश को करता प्राप्त॥४६॥

धर्म स्वयं का धूमिल भी, परधर्म से उच्च विधान।
स्वयं अधर्मी पुण्य बरत है, न पाप का मूल निशान॥४७॥

सहज कर्म में दोष भए तो, न कर उसका त्याग।
कर्म-दोष तो ऐसे कौंतेय, संग धुआँ के आग॥४८॥

बुद्धि आसक्ति हीन रहे, तजे जो मोह अनुराग।
कर्म की उसकी सिद्धि हो, पा जाए परम के पाद॥४९॥

सिद्धि प्राप्त कर, भक्त मेरा, कैसे ब्रह्म पठाए।
अब मैं देता दिव्य ज्ञान, जो तू मुझमें ध्यान लगाए॥५०॥

बुद्धि विशुद्ध युक्त रहे, वश करता है जो इंद्रियाँ।
वाणी लगाम लगाए जो, तजे राग-द्वेष की भ्रांतियाँ॥५१॥

एकांत पसंद, आहार लघु, वश में मन देह व वाणी।
ध्यान परम हरि ओर लगावे, उत्तम ऐसा प्राणी॥५२॥

काम-क्रोध-बल-अहं को तज के, ब्रह्म बने परछाई।
इह जीवन लाभ को भोग के, उह जीवन मुक्ति पाई॥५३॥

जीव जो सात्विक रूप भए, न इच्छा करे न शोक।
ऐसा मेरा परम भगत, दुर्लभ भाए त्रिलोक॥५४॥

मैं क्या हूँ, जो जितना हूँ, ले परम भक्त यह जान।
तत्काल मेरे दिव्य रूप में, ले अपना स्थान॥५५॥

सत्कर्मों से लिप्त भए, जो मेरे ध्यान अधीन।
हरि कृपा से भक्त वे सारे, ब्रह्म में होवे लीन॥५६॥

चित्त धरे सत्कर्म समर्पित, मुझमें जो खो जाए।
एकमात्र प्रभु ध्यान रहे, न बाकी शेष रह जाए॥५७॥

मुझमें चित्त लगा, कृपा से, सारे दुःख तर जाएगा।
वरना तेरा अहं ही तेरा, पतन विनाश कर जाएगा॥५८॥

यदि तू अपने अहं के कारण, युद्ध से फिर जाएगा।
धरम हीन होगा वह निर्णय, क्षत्र तुझे लड़वाएगा॥५९॥

क्षत्र भाव होते भी यदि तू, मोह से कर्म भुलाएगा।
तेरा मूल धरम ही तुझसे, यही युद्ध करवाएगा॥६०॥

ईश भया हर प्राण हृदय में, माया अपरंपार।
तिस स्वभाव ज्यों भाग विराजे, यंत्र शरीर को धार॥६१॥

सर्व चित्त से उसी प्रभु की, शरण में जा हे पार्थ।
वहीं मिलेगी तुझे शांति, मोक्ष और पुरुषार्थ॥६२॥

गूढ़ से भी गूढ़ ज्ञान है, मैंने तुझको बरता।
ज्ञान वृद्धि से पोषित होकर, देखूँ क्या है करता॥६३॥

परम सत्य यह, परम गूढ़ है, परम वचन फिर सुन।
परम मित्र तू मेरा है, यह तेरे हित अर्जुन॥६४॥

कर तू मेरी पूजा-अर्चना, कर तू मुझे स्वीकार।
मुझको तू अत्यंत प्रिये है, बन मेरा ही आकार॥६५॥

तज के सारे धर्म जगत् के, ले तू मेरी शरण।
सब पापों से मुक्त रहेगा, चिंतन न बंधन॥६६॥

यह गूढ़ ज्ञान न तू बाँटेगा, अभक्त दोष दृष्टि को।
न ही इसका वाच करेगा अहं मूल सृष्टि को॥६७॥

मुझमे परम भक्ति अर्पित कर, बाँटे जो यह ज्ञान।
निर संदेह वे मुझे ही पाएँ, भगवान् के रूप समान॥६८॥

न है कोई उसके जैसा, प्रिय कर्म निष्ठावान।
न होगा कोई उसके जैसा, आगे भक्त महान्॥६९॥

पाठन द्वारा भी जो कोई, इस धर्म संवाद को जाने।
ज्ञान योगवत मुझको पूजे, ऐसा मेरा माने॥७०॥

श्रद्धामत, भक्तिरत होके, जो सुन ले गीता ज्ञान।
मुक्त भए संपूर्ण दुःखों से, पा जाए निर्वाण॥७१॥

हे अर्जुन, क्या गीत को मेरे, धैर्य पूर्ण सुन पाया।
मोह जो पैदा हुआ धनंजय, नष्ट क्या वह हो पाया॥७२॥

अर्जुन बोले, हे अच्युत मैं, मोह रहित हूँ ज्ञानी।
मात्र आप की आज्ञा का, मैं हूँ अब अनुगामी॥७३॥

**संजय उवाच—**

संजय बोले धृतराष्ट्र से, मैंने, सुने ये अद्‌भुत वचन।
एक तरफ थे जिसके केशव, दूसरी ओर अर्जुन॥७४॥

कृपा व्यास की, जिसके द्वारा, गीत मैं यह सुन पाया।
इह लोक तो पूरा पाप भया, उह लोक मेरा तर जाया॥७५॥

हे राजन, यह गीत को सुन, मन हर्षित होता जाए।
ऐसे पवित्र वचन हरि ने, स्वयं अर्जुन को सुनाए॥७६॥

विस्मित होता हूँ याद कर, कृष्ण का रूप विराट्।
जिसके बिना न ही घट पाए, जीवन नदी का पाट॥७७॥

ऐसे धरम वचन सुनने पर, मति मेरी भी यही।
जिधर विराजे कृष्ण और अर्जुन, होगी जीत वहीं॥७८॥

# विशिष्ट श्लोक

इस अध्याय के निम्न श्लोक स्मरण और जीवन में अपनाने योग्य हैं:

अधिष्ठानं तथा कर्ता करणं च पृथग्विधम्।
विविधाश्च पृथक्चेष्टा दैवं चैवात्र पञ्चमम्॥

संपूर्ण कर्मों की सिद्धि के लिए अधिष्ठान, कर्ता, कारण, चेष्टा और दैवीय संस्कार आवश्यक हैं। इनमे से यदि एक भी न हो, तो कर्मों के फल से मुक्ति नहीं मिलती।

सहजं कर्म कौंतेय सदोषमपि न त्यजेत्।
सर्वारम्भा हि दोषेण धूमेनाग्निरिवावृताः॥

अपनी प्रकृति के अनुरूप जो मनुष्य का सहज धर्म होता है, उसे वह धर्म, किसी अन्य दृष्टिकोण से दोषपूर्ण होते हुए भी कभी नहीं छोड़ना चाहिए, क्योंकि, कुछ-न-कुछ त्रुटि तो प्रत्येक कार्य में होती ही है, जैसे कि पवित्र से पवित्र अग्नि के साथ भी धुआँ होता है।

सर्वधर्मान्परित्यज्य मामेकं शरणं व्रज।
अहं त्वा सर्वपापेभ्यो मोक्षयिष्यामि मा शुचः॥

जब मनुष्य संसार के सभी धर्मों और जड़ता के प्रति अपनी निष्ठा को त्याग के ईश्वर की शरण में जाता है, तो उसका आत्म पुण्य, शुद्ध और पाप मुक्त हो जाता है।

# परिशिष्ट

कृष्ण के १८ नाम

गीता के १० प्रमुख सूत्र

सात्विक-राजसिक-तामसिक गुण

ओम्-तत्-सत्

# कृष्ण के १८ नाम

गीता में अर्जुन ने श्रीकृष्ण को अपनी मनोदशा के अनुसार १८ विभिन्न नामों से पुकारा है। ये सब उपाधियाँ मात्र कृष्ण नाम के पर्यायवाची नहीं हैं, बल्कि अर्जुन की मनोस्थिति का प्रतिबिंब हैं। जब वे उनसे रक्षा की अपेक्षा करते हैं, तो उन्हें अच्युत, कृपादृष्टि चाहते हैं, तो जनार्दन, उनका परमेश्वर स्वरूप देखते हैं, तो केशव, उनको सभी योगों का स्वामी समझते हैं, तो योगेश्वर, इत्यादि नामों से पुकारते हैं । इन सभी संज्ञाओं से सुसज्जित करके कृष्ण और अर्जुन के संवाद अत्यंत ही रोचक और भावपूर्ण हो जाते हैं—

| | | | |
|---|---|---|---|
| १. | अच्युत | — | जिसकी क्षति न हो सके |
| २. | कृष्ण | — | जो अपनी ओर खींचे |
| ३. | केशव | — | ‘का-ई-श’ की संधि, यानी परम परमेश्वर |
| ४. | गोविंद | — | कृष्ण का ग्वाला स्वरूप |
| ५. | मधुसूदन | — | शत्रुओं का दमन करनेवाला |
| ६. | जनार्दन | — | संसार पर कृपा रखनेवाला |
| ७. | माधव | — | लक्ष्मीपति-विष्णु का रूप |
| ८. | वार्ष्णेय | — | वृष्णि कुल का वंशज |
| ९. | अरिसूदन | — | शत्रुओं का दमन करनेवाला |
| १०. | भूतभावन | — | सभी प्राणियों का जीवन स्रोत |
| ११. | भूतेश | — | सभी प्राणियों का स्वामी |
| १२. | देवदेव | — | सभी देवों के देव |
| १३. | जगतपति | — | सारे संसार के स्वामी |
| १४. | पुरुषोत्तम | — | सबसे उत्तम पुरुष स्वरूप |
| १५. | कमलपत्राक्ष | — | दिव्य कमल नयनरूपी |
| १६. | योगेश्वर | — | सभी योगों के स्वामी |
| १७. | ऋषिकेश | — | अपनी इंद्रियों को जीतनेवाले |
| १८. | जगन्निवास | — | संसार के सभी प्राणियों में निवास करनेवाले |

# गीता के प्रमुख १० सूत्र

यूँ तो गीता जीवन के मार्गदर्शन हेतु अनेक अनमोल रत्नों से भरी हुई है और उन सबको समझने के लिए अनेक जीवन भी कम हैं, किंतु, अपनी रोज की दिनचर्या में हम निम्न १० प्रमुख सूत्रों को सहज ही अपनाकर अपने जीवन को सरल, सुखी और ध्येयपूर्ण बना सकते हैं:

| क्रम | सूत्र | उपयोग |
|---|---|---|
| १. | आत्म | • 'मैं-कौन-हूँ' का उत्तर<br>• अपने अस्तित्व की पहचान<br>• मृत्यु के भय से मुक्ति |
| २. | कर्मयोग | • 'मेरे-साथ-ही-ऐसा-क्यों' का उत्तर<br>• कर्मों का भाग्य पर प्रभाव<br>• जीवन के परे जीव की यात्रा |
| ३. | स्थितप्रज्ञ | • सुख-दुःख का एक समान धारण |
| ४. | कर्म-अकर्म-विकर्म | • निष्काम कर्म की पहचान<br>• कर्मों की गति से मुक्ति |
| ५. | आत्म-संयम | • इच्छाओं व इंद्रियों पर नियंत्रण |
| ६. | कृष्णपक्ष-शुक्लपक्ष | • प्रिय/अप्रिय परिस्थितियों का कारण और निदान |
| ७. | साकार-निराकार | • प्रत्यक्ष-अप्रत्यक्ष से संबंध |
| ८. | क्षेत्र-क्षेत्रज्ञ का ज्ञान | • पुरुष-प्रकृति का सनातन धर्म |
| ९. | सात्विक-राजसिक-तामसिक गुण | • प्राकृतिक गुणों का संतुलन |
| १०. | ओम्-तत्-सत् | • जीवन कर्मों का दिशा ज्ञान |

# सात्विक, राजसिक और तामसिक गुण

हमारे जन्म लेते ही सात्विक , राजसिक और तामसिक गुण हमारे पूर्व अस्तित्वों से निर्देशित आत्म को गुणों के आधार पर एक काया में बांध देते हैं। विरासत में मिले इन गुणो से रचित काया प्रकृति को हम जनम लेते ही नहीं बादल सकते, किंतु अपने पौरुष के बल पर, योग और भक्ति के अभ्यास द्वारा, हम इनको निर्देशित अवश्य कर सकते हैं।

- सात्विक गुण हमको ज्ञान और चेतना की ओर ले जाता है, जिससे हम प्रकृति, सृष्टि और ईश्वर का आभास कर सकते हैं और अपने जीवन को और ध्येयपूर्ण बना सकते हैं।
- राजसिक गुण हमको कर्म के फल से बांधता है और हम अधिक फल पाने की इच्छा के कारण और अधिक कर्म करते हैं।
- तामसिक गुण हमको आलस्य, भोग, प्रमाद की ओर धकेलता है और हम अपने जीवन को अति निष्क्रिय बना लेते हैं।

हमारे प्रत्येक कर्म, भावना, संबंध, आहार इत्यादि को हम सात्विक, राजसिक अथवा तामसिक मापदंड से तोल कर उसकी गुणवत्ता स्थापित कर सकते है की वह कर्म, भावना, संबंध अथवा आहार हमारे आत्म के लिए कितना मोक्षदायी, फलदायी अथवा दुखदायी है।

| | सात्विक गुण | राजसिक गुण | तामसिक गुण |
|---|---|---|---|
| व्यक्तित्व | आध्यात्मिक | कर्ता | भक्षक |
| कर्म | ज्ञान से प्रेरित | फल/आसक्ति से प्ररित | काम/क्रोध/हिंसा से प्रेरित |
| आहार | स्वच्छ, रस-युक्त, घी-युक्त | खट्टा, तीखा, जलन-युक्त | बासी, गंधित, जूठा |
| सुख | पहले कष्ट दायक, अंत मे सुख दायक | पहले सुख दायक, अंत मे कष्ट दायक | निद्रा, आलस्य और रोग पूर्ण |
| श्रद्धा/निष्ठा | धर्म एवं प्रेम से प्रेरित | फल, भोग से प्रेरित | दिखावट व छल से प्रेरित |
| भक्ति | अध्यात्म से प्रेरित | वरदान से प्रेरित | लोभ, नियंत्रण एवं पाप से प्रेरित |
| जीव | ध्येयपूर्ण | कर्मपूर्ण | स्वार्थी |

# ओम्-तत्-सत् की महिमा

ओम्-तत्-सत् गीता का ऐसा गुरुमंत्र है, जिसके द्वारा हम अपने प्रत्येक प्रयोजन को सिद्ध कर सकते हैं।

- **ओम्**—ओम का आह्वान करके हम अपने कार्य की सिद्धि के लिए समस्त सकारात्मक, वैश्विक और दैवीय संसाधनों का स्वागत करते हैं। हम प्रार्थना करते हैं कि हमारा प्रत्येक कार्य दिव्य शक्ति से प्रेरित हो, विधि के विधान स्वरूप हो, प्रकृति के संतुलन के अनुरूप हो व धर्म के अनुकूल हो।
- **तत्**—तत् की भावना से हम अपने प्रत्येक कार्य को इस ब्रह्म को समर्पित करते हैं। हम इस बात का संज्ञान लेते हैं कि हमारा कर्म 'हमारा' नहीं, बल्कि दिव्य, ब्रह्म और ईश्वर का है एवं ईश्वर को अर्पित है। हम उस कार्य के निमित्त मात्र हैं, स्वामी नहीं, अत: उस कर्म में हमारा निज स्वार्थ अथवा उसके फल पर हमारा कोई अधिकार नहीं है।
- **सत्**—सत् के द्वारा हम अपने द्वारा समर्पित प्रत्येक कर्म की गुणवत्ता का प्रमाण देते हैं कि उस कार्य में हमने अपने सर्वस्व को पीछे रखकर, बिना किसी आसक्ति या द्वेष के उस कार्य को ब्रह्म को अर्पण किया है। हमारा प्रयत्न होता है कि प्रत्येक कार्य सत्य की भावना से प्रेरित हो, उसमें कोई छल न हो, किसी की हानि न होती हो, किसी के प्रति कोई दुर्विचार न हो एवं हमारा अपना कोई स्वार्थ न हो।

जब हम अपने सभी कर्मों को ओम्-तत्-सत् की कसौटी पर उतारते हैं, तो हमारे सभी छोटे छोटे लालच, झूठ, स्वार्थ, असुरक्षा इत्यादि समाप्त हो जाते हैं।